AF568968

# Das Südtiroler Knödelkochbuch

**Bibliografische Information der deutschen Nationalbibliothek**
Die Deutsche Nationalbibliothek verzeichnet diese Publikation in der Deutschen Nationalbibliografie; detaillierte bibliografische Daten sind im Internet abrufbar: http://dnb.d-nb.de

3. Auflage 2024


**Ausstattung:** Die Teller für die Fotos wurden von der Firma Schönhuber-Franchi zur Verfügung gestellt.
**Lektorat Wissenswertes:** Christian Rainer
**Korrektorat:** Kathrin Kötz
**Design & Layout:** Athesia-Tappeiner Verlag
**Bildbearbeitung:** Typoplus, Frangart
**Druck:** Athesia Druck, Bozen
**Papier:** Innenteil und Vorsatz Magno Natural

Gesamtkatalog unter
**www.athesia-tappeiner.com**

Fragen und Hinweise bitte an
**buchverlag@athesia.it**

ISBN 978-88-6839-515-5

Einfach QR-Code scannen und auf unserer Internetseite informieren.

**Bildnachweis**
Athesia-Tappeiner Verlag Seite 7
Josef Pernter Seite 17 unten
stock.adobe.com – Tatsiana Yatsevich Seite 15
Simone Zöggeler, www.dariz.com Seite 10
Alle übrigen Aufnahmen stammen von Günther Pichler, Eggen, www.gpichler.com

**Bildbeschreibung Umschlag**
Karottenknödel mit Vogelesalat

FSC
www.fsc.org
MIX
Papier | Fördert gute Waldnutzung
FSC® C010042

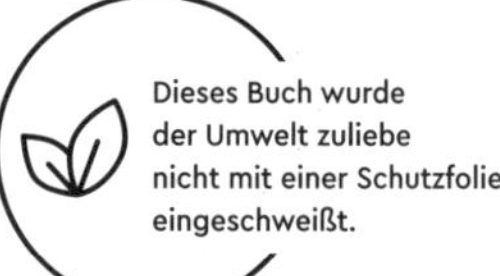

Heinrich Gasteiger . Gerhard Wieser . Helmut Bachmann

# Das Südtiroler Knödelkochbuch

Die besten Rezepte zum Selbermachen

# Gruß aus der Küche

Gerhard Wieser

Helmut Bachmann

Heinrich Gasteiger

Wenn Südtirol so etwas wie ein Nationalgericht hat, dann ist es der Knödel. Oder besser: die Knödel. Denn den runden Alleskönner gibt es in zahllosen Varianten: als Suppeneinlage und Hauptgericht, mit Kräutern und Pilzen, mit Speck, Leber oder in der Fastenausgabe, mit Buchweizen, Schwarzbrot oder in modernen Varianten auch mit Couscous. Und sogar als Dessert machen Knödel in ihrer süßen Form eine gute Figur.

Eine solche Vielfalt in ein Kochbuch zu packen, ist keine leichte Aufgabe. Wir haben es trotzdem versucht, erzählen Ihnen in diesem Buch alles Wissenswerte zu Knödeln und geben Ihnen wertvolle Tipps, damit bei der Herstellung nichts schiefgeht. Schließlich sollen, nein dürfen Knödel beim Kochen nicht zerfallen. Das wäre in Südtirols Küche eine Katastrophe.

Das Herzstück dieses Buches bilden natürlich die zahlreichen Rezepte, mit denen wir versuchen, der unglaublichen Knödelvielfalt gerecht zu werden. Dies auch, indem wir die traditionellen Rezepte, jene aus Omas Küche sozusagen, durch eine ganze Reihe neuer Knödelvarianten ergänzen. Diese Kreationen sind erst durch eine sehr viel größere Auswahl an Zutaten möglich geworden und erfüllen auch die Ansprüche international geschulter Gaumen.

Zu guter Letzt eine persönliche Note: Selten haben wir die Arbeit an einem Buch so genossen wie an diesem. Das hat einen einfachen Grund: Knödel sind unsere Lieblingsspeise. Von allen dreien.

Auch in diesem Sinne viel Spaß beim Lesen und Knödelkochen!

# Inhalt

# Ein waschechter Südtiroler?

Wir sagten schon: Wenn Südtirol so etwas wie ein Nationalgericht hat, dann sind es Knödel. Fragt sich nur: Sind denn Knödel waschechte Südtiroler? Sind sie ein typisches Südtiroler Gericht, das von hier den Weg in den ganzen Alpenraum gefunden hat? Oder war es doch eher umgekehrt und die Südtiroler haben es „nur" zur Knödel-Meisterschaft gebracht?

### Das Gericht der Bergbauern

So interessant diese Frage aus küchenhistorischer Sicht auch ist, sie ist kaum noch zu beantworten. Klar ist, dass Knödel im ganzen Alpenraum auf dem Speiseplan stehen. Der Grund dafür ist einfach: Im Knödel steckt so ziemlich alles, was ein Bauernhof hergibt, also **Brot, Eier, Milch** und **Mehl.** Und an Feiertagen konnte man sich im Knödelteig auch den einen oder anderen Speckwürfel leisten, der von den hofeigenen Schweinen stammte. Knödel waren also das Gericht bäuerlicher Selbstversorger.

Noch einen Vorteil haben Knödel und dieser Vorteil stellt sie in eine lange Reihe anderer Gerichte – weltweit. Schließlich fehlen in kaum einer Küche Gerichte aus altbackenem Brot. Weil Lebensmittel knapp waren, ihre Verschwendung daher Sünde, wurde Brot niemals weggeworfen. Selbst dann nicht, wenn es trocken und hart geworden war. In der Knödelmasse wird das altbackene Brot in Eiern und Milch eingeweicht, weil es dadurch und durch das Kochen wieder essbar wird. So sorgt es für Nachschub an Kohlenhydraten und daher für Energie. Auch das macht Knödel zum idealen Fundament des harten, entbehrungsreichen Lebens in den Bergen.

### Fakten und Legenden

Weil man der Geschichte des Knödels also heute kaum noch nachspüren kann, ranken sich zahlreiche Geschichten um das Gericht und dessen Entstehung. So erzählt man sich, dass es Landsknechte gewesen seien, die die Erfindung des Knödels angestoßen hätten. Im wahrsten Sinne des Wortes. Eine Horde hungriger Landsknechte – so die Legende – sei in ein Tiroler Wirtshaus eingefallen und habe damit gedroht, aus Interieur und Wirtsleuten Kleinholz zu machen, sollte nicht umgehend aufgetischt werden. Weil in den Töpfen und Pfannen der Wirtin aber gähnende Leere herrschte, musste sie improvisieren, mischte aus altem Brot, Wurst, Milch, Eiern und Mehl eine Masse, formte diese zu Kugeln und kochte sie in Wasser. In Rekordzeit stand eine Mahlzeit aus Küchenresten auf dem Tisch der Landsknechte. Denen sollen die ersten Knödel der Geschichte so geschmeckt haben, dass das Gericht fortan auf der Speisekarte stand. Nicht nur auf jener des Erfinderwirtshauses. So stimmig diese Geschichte auch klingen mag, es ist eben auch nur das: eine Geschichte. Landsknechte tauchen nachweislich erst im 15. Jahrhundert auf, während es Knödel schon 300 Jahre früher gab. Den Beweis dafür liefert ein Fresko in der Kapelle von Hocheppan, einer Burg, von der man den Bozner Talkessel und Teile des Etschtals überblickt. Das aus den Jahren um 1180 stammende Fresko zeigt Maria im Wochenbett. Sie steht am Herd, neben sich einen Topf, in dem fünf Knödel schwimmen, und in der Hand eine Gabel. Darauf aufgespießt, na was wohl? Genau, ein weiterer Knödel.

**Glaubt man dem Fresko in der Burgkapelle von Hocheppan, gab es den Knödel schon um 1180.**

### Eins, zwei, drei, vier

Wer Tradition ernst nimmt, sollte einen strapazierfähigen Magen haben. Schließlich heißt es, man solle den ersten Knödel in der Suppe essen, den zweiten mit gedünstetem Kraut, den dritten mit Fleisch und den vierten mit Salat. Zum Glück wussten die Traditionalisten (noch) nichts von süßen Knödeln. Sonst käme auch noch ein fünfter auf den Tisch.

### Zwei Südtiroler, ein Gericht: Knödel und Speck

Egal, von wann und woher der Knödel stammt, und egal auch, ob der Knödel in Südtirol erfunden wurde: An der Herkunft des Speckknödels ist nicht zu zweifeln. Schließlich vereint er gleich zwei Elemente, die die Südtiroler Küche prägen wie sonst kaum etwas: Knödel und Speck.

Letzterer stellt eine kulturhistorische Besonderheit dar. Wo es nämlich warm und trocken ist, im Mittelmeerraum etwa, hat man Fleisch vor allem durch Trocknen an der Luft haltbar gemacht. Im Norden dagegen, wo es feuchter und kälter ist, verdarb

Fleisch an der Luft. Es wurde daher gepökelt (also gesalzen) oder geräuchert. Der Speck vereint alle diese Arten der Haltbarmachung: Er wird gesalzen und gewürzt, danach geräuchert und reift schließlich an der Luft. Schon allein das zeigt, wie sehr der Speck ein Südtiroler Produkt ist, ein Produkt dieses Landes an der Grenze zwischen großen Kulturräumen. Auch kulinarischen.

Dass man Speck und Knödel kombiniert, ist wohl – auch das haben wir schon kurz angerissen – auch der bäuerlichen Wirtschaftsweise zu verdanken. Speck war auf Bergbauernhöfen meist vorrätig und gab den ohne ihn sehr milden Knödeln ein würziges, rauchiges Aroma. Und den Bauern eine Extraportion Energie.

## Alte Küche, moderne Ernährung

Unser Ausflug in die Geschichte zeigt auch: Vieles von dem, was früher selbstverständlich (und wohl auch notwendig) war, wird heute wieder gesucht. Die kurzen Kreisläufe etwa, die es schon allein aus dem Nachhaltigkeitsgedanken heraus zu fördern gilt, wo immer es geht. Besonders in der Küche. Dies auch, weil kurze Wege Frische sichern. Auch das ist etwas, was wir vom Einst in das Jetzt übertragen sollten. Gute Lebensmittel sind frisch, denn nur dann kommen die Nährstoffe voll zum Tragen und es entfaltet sich der volle, unverfälschte Geschmack.

Die Südtiroler Bauernküche setzt nicht nur auf frische, regionale Zutaten, sie ist von Natur aus auch ausgewogen. Das liegt daran, dass auf den Höfen zwar alles verfügbar war, aber auch nichts im Überfluss. Fleisch wurde – weil es wertvoll war – nur in Maßen genossen (an Sonn- und Feiertagen etwa), Milch und Milchprodukte sorgten für den nötigen Vitamin- und Kalziumschub. Eine differenzierte Betrachtung verdienen Kohlenhydrate, die die Südtiroler Bauernküche in Form von Getreide liefert, aber auch in Form von Zucker in Honig, Beeren und frischen Früchten. Kohlenhydrate verwandelt der Körper in schnelle Energie, die man nötig hat, wenn man den ganzen Tag über schwere körperliche Arbeit verrichtet. Bergbauernarbeit eben. Heute, da wir weite Teile unseres Lebens sitzend verbringen, ist die Kohlenhydratzufuhr zu drosseln, ganz einfach, weil wir den Treibstoff nicht brauchen und daher speichern. In Form von Röllchen und Pölsterchen.

Wie auch immer, von der traditionellen Südtiroler Bauernküche können und sollten wir viel in die moderne Küche übertragen: Regionalität und Frische, die Konzentration auf das Einfache und Authentische, Naturnähe und Nachhaltigkeit. Und auch die Offenheit, die nicht nur die Bauernküche, sondern die Südtiroler Küche als Ganzes auszeichnet. Nirgends auf der Welt, das trauen wir uns zu sagen, fließen zwei große Küchenströmungen so eng zusammen wie in Südtirol: die alpine und die mediterrane. Die gegenseitige Befruchtung ist nicht zu übersehen. Vor allem aber schmeckt man sie.

*Knödel, Nocken, Nudel, Plenten*
*sind die Tiroler Elementen.*

Alte Tiroler Volksweisheit

Auf eine Schlachtplatte beim Törggelen gehören Speckknödel.

# Knödel und kulinarisches Brauchtum – Törggelen

Dass Knödel aus der Südtiroler Küche, ja aus der Südtiroler Lebenswelt, nicht wegzudenken sind, zeigt auch die enge Verbindung der Knödel zum typischen Südtiroler Törggelen. Wenn die *Torggl,* die Traubenpresse, nach der Lese im Herbst stillstand, wurde der Abschluss der Ernte im Burggrafenamt und Eisacktal gefeiert: mit neuem Wein *(Sußer),* frischen Kastanien und allerhand Deftigem, von der Gerstsuppe über Schweinsrippchen bis hin zu *Gsurtem* und Geselchtem, also gepökeltem und geräuchertem Fleisch. Dazu gab es Bratkartoffeln, Kraut, vor allem aber Knödel, die zu allem passten, was auf die Törggele-Platte kam.

Das Törggelen hat seit jeher einen festen Platz im Leben der Südtiroler, erfasst heute von Oktober bis Ende November das ganze Land und gehört für viele Touristen zum Pflichtprogramm. Wir können es nur empfehlen, am besten dann, wenn man sich ein traditionelles Törggele-Wirtshaus aussucht. Das erkennt man auch an der Qualität der Knödel.

**Tipp**

Die optimale Konsistenz von Knödeln zu beschreiben, ist vielleicht noch schwerer, als sie beim Kochen zu erreichen. Sie müssen luftig und locker sein, also nicht zu *gleim*, wie man in Südtirol gern sagt, zu fest also. Zu weich dürfen Knödel aber schon gar nicht sein. Dann riskiert man nämlich, dass sie im siedenden Wasser zerfallen.

**Knödel müssen glatt geformt werden, wie beim rechten Knödel sichtbar.**

# Menü mit Knödeln

Die Besonderheit von Knödeln ist, dass sie in der klassischen Menüfolge keinen festen Platz haben. Vielmehr können sie eine Rolle in jedem Gang spielen – manchmal eine Haupt-, manchmal auch nur eine Nebenrolle. Im Folgenden werfen wir einen Blick auf die verschiedenen Einsatzmöglichkeiten der Knödel: von der Vorspeise bis zum Dessert.

## Knödel in der Suppe und als Vorspeise

Ein typisches Südtiroler Menü beginnt oft mit dem Knödel „zu Wasser“, mit einer Suppe also, in der ein Knödel für die nötige Konsistenz sorgt. Die Klassiker sind dabei Speckknödel in der Fleischsuppe oder auch Leberknödel, die ebenfalls in einer Fleischsuppe serviert werden.

Wer den Knödel „zu Lande“ bevorzugt, hat bei der Vorspeise die Qual der Wahl. Allein in diesem Buch finden Sie eine Vielzahl von Varianten: vom Spinatknödel mit Kirschtomaten über gebratene Brennnesselknödel mit Spargelsalat oder Bärlauchknödel mit Löwenzahn und Radieschen bis hin zu zwei Klassikern. Das sind zum einen Käseknödel, die mit Schnittlauch, Parmesan und geschmolzener Butter serviert werden, zum anderen Pressknödel mit Rübenkraut, die vor allem im Ahrntal zu den ganz großen Spezialitäten gehören.

Auch Kartoffelknödel, die aus gekochten, aus rohen sowie aus rohen und gekochten Kartoffeln hergestellt werden können, eignen sich bestens als Vorspeise, etwa in unserer Variante als gefüllte Kartoffel-Pfifferling-Knödel mit Wildkräutersalat.

## Knödel als Beilage

Wären Knödel Schauspieler, wären sie wohl angenehme, bescheidene Zeitgenossen, die sich nicht in den Vordergrund spielen. Schließlich funktioniert der Knödel genauso als Haupt- wie als Zuspeise. Als Beilage passt er zu nahezu jeder Speise, wertet sie auf, verleiht ihr den Touch Bauernküche, der vielen Gerichten guttut. Die einzige Gefahr, die es gibt, lässt sich am besten wieder mit dem Schauspielervergleich schildern: Sie besteht darin, dass die Nebenrolle der Hauptrolle den Rang abläuft. Einfach deshalb, weil sie zu gut besetzt ist.

Damit dies nicht der Fall ist, setzt man bei Knödeln als Beilage in vielen Fällen auf weniger geschmacks-

Sehr ausgefallen: eine Kombination aus Käse- und Spinatknödel

intensive Varianten, allen voran auf den Semmelknödel, der in Südtirol *Fastenknödel* heißt. Er wird aus Weißbrot hergestellt und enthält, wie der Verweis auf die Fastenzeit unterstreicht, weder Speck noch Wurst. Dasselbe gilt für den Serviettenknödel, der dann besonders luftig gelingt, wenn man Butter und Eigelb schaumig rührt. In unserem Buch finden Sie als Beispiele Semmelknödel mit gerösteten Pilzen und Serviettenknödel mit Rindsgulasch.

## Knödel als eigenständiges Gericht

Knödel können ein Hauptgericht durchaus tragen und sind als solches ein Highlight in der Südtiroler Speisenfolge. Die Vielfalt ist auch hier enorm, wie ein Blick auf die Rezepte in diesem Buch zeigt. Da sind etwa Schwarzpolentaknödel, also Knödel mit Buchweizenmehl, die wir hier mit Sauerkraut servieren, die aber durchaus auch mit einem Herz aus Gorgonzola eine spektakuläre Hauptspeise bilden (siehe dazu: Polentaknödel mit Gorgonzolafüllung). Und erinnern Sie sich noch an die Aufzählung der vier Knödel? An den vierten mit Salat? Auch da ergibt sich eine Vielzahl von Möglichkeiten, sei es bei den Knödeln, sei es bei den Salaten. Haben Sie schon einmal Karottenknödel mit Vogelesalat probiert? Oder Mangoldknödel auf buntem Salat?
Selbst in der Kombination mit Fleisch können Knödel die Hauptrolle in einem Gericht spielen. Auch dafür gibt es eine Reihe von Gerichten, die zudem zeigen, dass die Grenzen zwischen Knödeln als

**Süße Knödel werden meist mit Früchten wie Marillen, Zwetschgen, Erdbeeren usw. gefüllt.**

Beilage und Knödeln als eigenständiges Gericht fließend sind. Kräuterknödel mit Kalbsrahmgulasch sind ein gutes Beispiel dafür. Was man dabei als Beilage empfindet, hängt wohl weniger vom Koch als vielmehr von demjenigen ab, der das Gericht isst.

## Mit Knödeln rund um die Welt

Auch wenn Knödel typische Gerichte der Bauernküche sind, muss man sie doch nicht auf ihre Herkunft und ihre Geschichte beschränken. Schließlich heißt Tradition nicht, eine Käseglocke über die Küche zu stürzen, sondern bewährte Gerichte durch neue Einflüsse zu ergänzen, zu erweitern, neu zu interpretieren. Tut man dies, kann man mit Knödeln eine Reise um die ganze Welt antreten. Nach Nordafrika etwa, wenn Couscous-Gemüse-Knödel mit Tomatenkompott auf dem Teller landen. Oder nach China, wenn wir gebackene Reisknödel mit Peperonicreme servieren. Oder ans Mittelmeer, wenn es Melanzaneknödel mit mediterranem Gemüse gibt. Neue Zutaten und neue Küchentechniken lassen es zu, traditionelle Knödelgerichte neu zu fassen, ihnen eine ungewohnte Wendung zu geben. Ein Beispiel sind Brezenknödel. Während Fastenknödel aus Semmeln gemacht werden, aus einem Brot also, das nur einen sehr schwachen Eigengeschmack hat, kann man diese verfeinern, indem man statt der Semmeln Brezen nimmt. Probieren Sie es, Sie werden sich wundern, wie stark sich der Geschmack der Knödel durch einen so einfachen Kniff ändert.

Auch wenn man statt an den Zutaten, an der Technik dreht, ergeben sich neue, innovative Gerichte. Als Vertreter dieser Kategorie haben wir ein Knödelsoufflé auf Haselnussespuma im Sortiment. Und manchmal ergeben sich neue Gerichte auch durch den Rückgriff auf Altes. Unsere gebratenen Getreideknödel mit Urgemüsesalat zeigen dies eindrücklich.

### Süße Knödel

Dass Knödel nicht immer salzig (herzhaft) sein müssen, es sie vielmehr auch in einer süßen Variante gibt, zeigt die Südtiroler Küche ebenfalls eindrucksvoll. Der Teig besteht dabei aus gekochten Kartoffeln oder Topfen und umhüllt meist Früchte.

**Tipp**

Topfenknödel gelingen nur, wenn der Topfenteig nicht zu nass ist. Das bedeutet, dass Sie den Topfen (Quark) in einem Sieb gut abtropfen lassen, bevor Sie ihn verwenden.

Die klassischen süßen Südtiroler Knödelvarianten sind dabei Marillen- und Zwetschgenknödel, in der Übersetzung für Nordlichter: Aprikosen- und Pflaumenklöße. Serviert werden sie in einem Mantel aus gerösteten Semmelbröseln und zerlassener Butter. Neben diesen Klassikern gibt es eine Reihe anderer Fruchtknödel, etwa Apfelknödel, für die man am besten knackig-reife Südtiroler Äpfel verwendet. Statt mit Äpfeln kann man Knödel auch mit Kirschen kombinieren sowie mit Erd-, Heidel- oder Himbeeren. Und weil wir bei den „internationalen" Knödeln schon einen mediterranen Vertreter hatten, soll dieser auch bei den süßen Knödeln nicht fehlen. Wir präsentieren also: Feigen-Vollkornknödel mit Heidelbeeren.

Auch Bier harmoniert mit Knödeln.

## Was trinkt man zu Knödeln?

Die Frage, was man zu Knödeln trinkt, ist nicht leicht zu beantworten. Oder zumindest nicht letztgültig, hängt die Antwort auf die Frage doch davon ab, von welchen Knödeln wir überhaupt reden. Nehmen wir als Beispiel den Klassiker schlechthin: den Speckknödel. Dazu passen am besten autochthone, also hier heimische Südtiroler Rotweine, etwa Vernatsch oder St. Magdalener. Wer lieber einen Blauburgunder trinkt, liegt damit auch nicht daneben. Alle drei Sorten passen auch zu Leber-, Pilz- oder Käseknödeln. Kräuter- und Gemüseknödel würde man durch den intensiven Geschmack schwerer Rotweine erschlagen, deshalb sollte man eher auf leichte Rot- oder mineralisch-fruchtige Weißweine setzen. Und zu süßen Knödeln, zu Marillen-, Zwetschgen-, Erdbeer- oder Nougatknödeln, passt am besten ein süßer Dessertwein. Besser kann man ein Knödelmenü gar nicht abschließen.

# Mut zur Kreativität

Knödel sind zwar ein traditionelles Gericht, das heißt aber noch lange nicht, dass wir sie nach Omas Rezept zubereiten müssen. Zumindest nicht immer. Also, nur Mut!

### Knödelvielfalt

Die klassische Knödelteigmasse besteht aus Brot, Mehl, Milch, Eiern. Punkt. Mit Speck oder Käse wird der Knödel schon seit Jahrhunderten aufgepeppt, aber warum nicht auch mit Steinpilzen, Pfifferlingen, Fleisch, Kräutern, Wirsing, Gemüse, Kürbis oder Mozzarella?

### Speckfrei

Genug von Speckknödeln, aber Sie wollen doch nicht auf die Fleischeinlage verzichten? Dann probieren Sie es mit Serveladewurst, Knödelwurst, Bauchspeck, Salami oder Mortadella anstelle des Specks.

### Unser täglich Brot

Schnittfeste Semmeln sind der Klassiker, aber Knödel kann man durchaus auch aus Wecken oder Toastbrot, aus Brezen oder Brioches oder gar aus Vollkorn- und Schwarzbrot herstellen.

Vollkornbrot, Weißbrot, Hefezopf und Laugenbrot

# Die Tipps der Profis

### Damit Knödel beim Kochen nicht zerfallen ...

- Mit nassen Händen sollten die Knödel beim Formen fest zusammengedrückt werden, damit die Oberfläche schön glatt wird und wenig Angriffsfläche bietet.
- Um auf Nummer sicher zu gehen, immer einen Probeknödel zubereiten, damit die richtige Konsistenz der Masse getestet werden kann.
- Zerfällt der Probeknödel beim Kochen, hilft etwas Mehl als „Klebstoff". Einfach der Masse beifügen.
- Zusätzliche Milch hilft, wenn die Masse zu kompakt sein sollte.
- Achten Sie darauf, dass die Knödelmasse beim Formen weder zu feucht noch zu weich ist.
- Die Saugfähigkeit des Knödelbrots variiert, Mengenangaben im Rezept stellen daher immer nur einen Richtwert dar. Probieren Sie es zuerst damit und justieren Sie nach, wenn Sie die Masse vor sich haben.

### Damit der Kartoffelteig für süße Knödel nicht zu zäh wird ...

Ideal für einen Kartoffelteig sind keine speckigen – also festkochende – Kartoffeln, sondern mehlige. Und achten Sie immer darauf, dass die passierten Kartoffeln gut auskühlen, bevor Sie sie mit Mehl vermengen.

### Damit sich Obstknödel beim Formen gut verschließen lassen ...

Wollen Sie nicht riskieren, dass im Topf links der Teig und rechts die Marillen (oder eine andere Obstfüllung) schwimmen, sollten Sie den Teig immer an einer Stelle verschließen, an der die Frucht keine Öffnung aufweist.

# Abkürzungen für Maße und Gewichte

**l** **Liter**
**ml** **Milliliter**
**g** **Gramm**
**EL** **Esslöffel**
**TL** **Teelöffel:** Bei Löffelangaben ist, wenn nicht anders angegeben, von einem mäßig gehäuften Löffel auszugehen.
**Pkg.** **Päckchen:** Vanillezucker 9 g, Backpulver 16 g
**Msp.** **Messerspitze:** Eine Messerspitze ist jene Menge, die auf einem kleinen Gemüsemesser die Spitze bedeckt (3–5 g).
**Prise** Unter Prise versteht man die Menge, die man zwischen Zeigefinger und Daumen halten kann (1–2 g).
**„etwa“** Wenn „etwa“ im Rezept steht, ist es entweder nicht nötig, sich an genaue Mengenangaben zu halten, oder auch nicht möglich. Das „etwa“ lässt also Freiheit, Gefühl und Erfahrung zu, ohne dass dabei ein Misslingen riskiert wird.

**Grad** **Grad Celsius**
**Eier** mittelgroße Eier (M: 53–63 g)
**Mehl** Wenn in den Rezepten Mehl als Zutat genannt wird, ist Weizenmehl oder Dinkelmehl gemeint.
**Speisestärke** Als Speisestärke wird zumeist Weizenstärke verwendet. Sie können aber auch Kartoffel- oder Maisstärke verwenden.
**Öl** Darunter verstehen wir gewöhnliches Samenöl, wie Maiskeimöl, und unter Olivenöl ein kaltgepresstes (olio d'oliva extra vergine).
**Pfeffer** Sie sollten ihn möglichst immer frisch, also aus der Mühle, verwenden, dann hat er ein intensiveres Aroma.
**Salz** Salzen ist eine Gefühlssache und kann nicht immer in Gramm ausgedrückt werden. Das Salz sollte man zwischen die trockenen Finger nehmen und mit genügend Abstand gleichmäßig ausstreuen.

# Knödelklassiker: Schritt für Schritt

## **Speckknödel** (Rezept siehe Seite 18)

Weißbrot und Speck in kleine Würfel schneiden. Die Zwiebeln in Butter farblos anschwitzen. Mit Speckwürfeln, Petersilie und Mehl zum Knödelbrot geben. Eier, Milch und Salz gut verquirlen und über das Brot gießen.

Alles gut vermengen und die Masse etwa **15 Minuten** ziehen lassen.

Die Hände mit Wasser befeuchten und aus der Masse runde Knödel formen. Dafür mit leichtem Druck die Knödel zwischen den Handflächen rollen, bis sie fest und gleichmäßig rund sind. Die Hände zwischendurch immer wieder mit Wasser befeuchten. Die Knödel auf eine bemehlte Arbeitsfläche legen.

Ins kochende Salzwasser geben, die Temperatur reduzieren und halb zugedeckt etwa **20 Minuten** sieden.

## **Serviettenknödel** (Rezept siehe Seite 32)

Die Zutaten laut Rezept vermischen und zu einer glatten Masse verkneten. Die Masse etwa **10 Minuten** ruhen lassen.

Die Knödelmasse zu einer etwa 4 cm dicken Rolle formen. Auf Klarsichtfolie oder eine nasse Stoffserviette legen und fest einrollen.

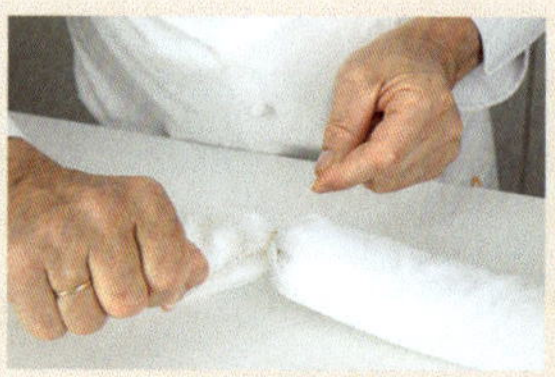

Die Enden gut zusammendrehen oder mit Küchengarn zubinden.
Ins kochende Salzwasser geben und etwa **30 Minuten** kochen lassen.

Den Serviettenknödel herausnehmen, auswickeln und in Scheiben schneiden.

## **Pressknödel** (Rezept siehe Seite 40)

Brot in kleine Würfel schneiden und in eine Schüssel geben. Milch erwärmen und die Hälfte des Graukäses darin auflösen. Die andere Hälfte mit den Händen zerreiben oder in Würfel schneiden. Zerriebenen und aufgelösten Graukäse zusammen mit Eiern, Mehl, Schnittlauch und Salz zum Knödelbrot geben.

Die Masse gut durchkneten und etwa **15 Minuten** ruhen lassen.
Aus der Masse runde Knödel formen und mit der Hand flach drücken.

In einer Pfanne Butter erhitzen und die Pressknödel auf beiden Seiten braun braten.

Reichlich Salzwasser in einem Topf zum Kochen bringen und die Pressknödel darin etwa **10 Minuten** köcheln lassen.

## **Marillenknödel** (Rezept siehe Seite 74)

Weiche Butter mit Eiern, Zucker, Vanillezucker, geriebener Zitronenschale und einer Prise Salz schaumig rühren. Topfen (Quark) dazugeben, mit Mehl zu einem Teig verarbeiten und etwa **30 Minuten** kühl stellen.

Den Teig mit einem Nudelholz auf einer bemehlten Arbeitsfläche gleichmäßig dick (etwa 1 cm) ausrollen.

Marillen einschneiden und den Kern entfernen. Eventuell mit einem halben Stück Würfelzucker oder Marzipan füllen. Teig in Stücke schneiden, die Marillen darauflegen und mit Teig umhüllen.

Knödel in kochendes Salzwasser geben und leicht ziehen lassen. Butter schmelzen und die Brotbrösel darin goldbraun rösten. Knödel in den Butterbröseln vorsichtig wälzen, anrichten und servieren.

# Speckknödelsuppe

(Schritt für Schritt siehe Seite 16)

Zubereitungszeit **etwa 30 Minuten**

**Für 4 Personen, etwa 12 Knödel**

| | **Zutaten** |
|---|---|
| **150 g** | schnittfestes Weißbrot oder Knödelbrot |
| **40 g** | Zwiebeln, fein geschnitten |
| **1 EL** | Butter zum Dünsten |
| **2 EL** | Mehl |
| **80 g** | Speck, in feine Würfel geschnitten |
| **100 ml** | Milch oder Wasser |
| **2** | Eier |
| **1 EL** | Petersilie oder Schnittlauch, fein geschnitten |
| | Salz |

| | **Weiteres** |
|---|---|
| **1 l** | Fleischsuppe (siehe Seite 20) |
| **2 EL** | Schnittlauch, fein geschnitten |

## Zubereitung

**1.** Weißbrot in kleine Würfel schneiden.

**2.** Zwiebelwürfel in Butter dünsten, über das Brot geben und vermischen.

**3.** Mehl und Speck untermengen.

**4.** Milch, Eier, Petersilie und Salz verrühren, über das Brot geben und alles gut vermengen.

**5.** Die Masse etwa **15 Minuten** ziehen lassen.

**6.** Mit nassen Händen oder einem Löffel Knödel formen und in Salzwasser etwa **20 Minuten** kochen lassen.

## Fertigstellung

**7.** Die Knödel in der Fleischsuppe mit Schnittlauch garniert servieren.

## Variationen

**Wurstknödel:** Anstelle des Specks verwenden Sie Knödelwurst (Serveladewurst), Salami oder Kaminwurzen.

**Knödelsalat:** Die gekochten, kalten Speckknödel in Scheiben schneiden und mit Salatmarinade (siehe Seite 50) und 50 g Zwiebelringen marinieren, mit Schnittlauch und Blattsalaten servieren.

## Tipps

* Verwenden Sie trockenes Knödelbrot und lassen Sie die Masse gut durchziehen.
* Wenn Sie die Knödel mit einem Löffel oder einer kleinen Schöpfkelle formen, wird die Oberfläche glatter und sie halten besser zusammen.
* Je nach Geschmack können Sie den Speck auch rösten.
* Servieren Sie die Speckknödel als Beilage zu Schweinsbraten (Rippchen), Wild, Schmorbraten, Bauernschmaus, Rindsgulasch oder mit Krautsalat.

# Leberknödel mit Fleischsuppe

**Fleischsuppe**

| | |
|---|---|
| 600 g | mageres Rindfleisch (Brust, Schulter oder Wade) |
| 300 g | Markknochen vom Rind |
| 3 l | kaltes Wasser |
| 1 | Karotte |
| ½ | Tomate |
| 50 g | Stangensellerie |
| 50 g | Lauch (1 kleine Stange) |
| 20 g | Petersilie |
| 1 | Zwiebel mit Schale, gebräunt |
| ½ | Lorbeerblatt |
| 4 | Pfefferkörner, zerdrückt |
| | Salz |

**Leberknödel**

| | |
|---|---|
| 30 g | Zwiebeln, fein geschnitten |
| 30 g | Butter zum Dünsten |
| 150 g | Rinds- oder Kalbsleber |
| 50 g | Kalbsnierenfett |
| 80 ml | Milch |
| 1 | Ei |
| 1 EL | Petersilie, fein geschnitten |
| ½ TL | Majoran, fein geschnitten |
| 1 Msp. | Zitronenschale, gerieben |
| 1 | Knoblauchzehe, fein gehackt |
| | Salz und Pfeffer |
| 120 g | Knödelbrot |

**Weiteres**

| | |
|---|---|
| 2 EL | Schnittlauch, fein geschnitten |
| | gebackene Zwiebelringe zum Garnieren (siehe Seite 26) |

## Fleischsuppe

**1.** Suppenfleisch und Markknochen **10 Minuten** in reichlich Wasser vorkochen (blanchieren) und abseihen.

**2.** Suppenfleisch ins kalte Wasser geben und langsam zum Kochen bringen. Dabei mehrmals Schaum und Fett abschöpfen.

**3.** Die Suppe etwa **1 Stunde** kochen lassen, geputztes und gewaschenes Gemüse dazugeben. Mit Lorbeerblatt, Pfefferkörnern und wenig Salz würzen, etwa **1 weitere Stunde** leicht kochen lassen.

**4.** Die Suppe durch ein Tuch abseihen und entfetten.

## Leberknödel

**5.** Zwiebelwürfel in Butter dünsten.

**6.** Rindsleber und Kalbsnierenfett mit den gedünsteten Zwiebelwürfeln fein faschieren.

**7.** Milch, Ei, Petersilie, Majoran, Zitronenschale, Knoblauch, Salz und Pfeffer mit der Leber verrühren. Leber zum Brot geben und alles gut vermengen.

**8.** Die Knödelmasse etwa **10 Minuten** ruhen lassen.

**9.** Mit nassen Händen oder einem Löffel Knödel formen und in kochendem Salzwasser halb zugedeckt etwa **15 Minuten** kochen lassen.

## Fertigstellung

**10.** Knödel in Suppentellern anrichten und mit Fleischsuppe, Schnittlauch und gebackenen Zwiebelringen garniert servieren.

## Tipps

* Sie können die Leberknödel mit Sauerkraut oder zu Kalbsrahmgulasch servieren.
* Für **Wildleberknödel** ersetzen Sie die Rindsleber durch Wildleber.

Zubereitungszeit **etwa 40 Minuten**

**Für 4 Personen, etwa 12 Knödel**

# Spinatknödel mit Käsefonduta

Zubereitungszeit **etwa 40 Minuten**

**Für 4 Personen, etwa 12 Knödel**

### Zutaten

| | |
|---|---|
| **150 g** | schnittfestes Weißbrot oder Knödelbrot |
| **60 g** | Zwiebeln |
| **1** | Knoblauchzehe |
| **2 EL** | Butter zum Dünsten |
| **200 g** | Blattspinat, gekocht, oder junge rohe Spinatblätter |
| | Salz |
| | Pfeffer aus der Mühle |
| **1 Msp.** | Muskatnuss, gerieben |
| **2** | Eier |
| **50 ml** | Milch |
| **30 g** | Käsewürfel (Bergkäse, Schnittkäse) |
| **1 EL** | Mehl |

### Käsefonduta

| | |
|---|---|
| **100 g** | Bergkäse |
| **100 ml** | Sahne |
| | Salz |
| | Pfeffer aus der Mühle |

### Weiteres

| | |
|---|---|
| **30 g** | Parmesan, gerieben oder gehobelt |
| **40 g** | Spinatblätter (Babyspinat) zum Garnieren |
| | Radieschenscheiben zum Garnieren |
| **50 g** | braune Butter |

## Zubereitung

**1.** Brot in kleine Würfel schneiden und in eine Schüssel geben.

**2.** Zwiebeln und Knoblauch schälen, klein schneiden und in Butter dünsten.

**3.** Blattspinat fein hacken, dazugeben und mit Salz, Pfeffer und Muskatnuss würzen.

**4.** Spinat mit Eiern in einem Mixer oder mit einem Pürierstab pürieren.

**5.** Pürierten Spinat, Milch, Käsewürfel und Mehl zum Brot geben und kräftig durchmischen. Mit Salz, Pfeffer und Muskatnuss würzen.

**6.** Etwa **15 Minuten** zugedeckt ruhen lassen.

**7.** Inzwischen in einem Topf Salzwasser zum Kochen bringen. Mit nassen Händen oder einem Löffel Knödel formen, in das kochende Wasser geben und etwa **15 Minuten** kochen lassen.

## Käsefonduta

**8.** Den Bergkäse in kleine Stücke schneiden und zusammen mit der Sahne schmelzen lassen. Mit Salz und Pfeffer würzen und auf die gewünschte Konsistenz (etwa **5 Minuten)** einkochen lassen.

## Fertigstellung

**9.** Spinatknödel mit Käsefondunta auf Tellern anrichten und mit Parmesan, Spinatblättern, Radieschenscheiben und brauner Butter servieren.

## Variation

**Gierschknödel:** Anstelle des Spinates verwenden Sie gekochten und fein pürierten Giersch.

## Tipps

* Aus dieser Spinatknödelmasse können Sie auch Spinatnocken herstellen.
* Servieren Sie die Knödel auf einer leichten Rahmsauce, Gorgonzolasauce oder mit grob gehobeltem Bergkäse und Nussbutter.
* Sie brauchen für 200 g gekochten Blattspinat etwa doppelt so viel rohen.

# Schwarzpolentaknödel mit Sauerkraut

| | Schwarzpolentaknödel |
|---|---|
| **150 g** | schnittfestes Weißbrot oder Knödelbrot |
| **120 g** | Frühlingslauch oder Weißkraut, fein geschnitten |
| **1** | Knoblauchzehe, fein gehackt |
| **100 g** | Bauchspeck, in kleine Würfel geschnitten |
| **50 g** | Butter zum Dünsten |
| **100 ml** | Milch oder Wasser |
| **2** | Eier |
| **2 EL** | Petersilie, fein geschnitten |
| **120 g** | grobes Schwarzpolentamehl (Buchweizenmehl) |
| | Salz |

| | Sauerkraut |
|---|---|
| **750 ml** | Wasser |
| **500 g** | Sauerkraut |
| **100 g** | Speck (dicke Scheibe) |
| **3** | Wacholderbeeren |
| **3** | Pfefferkörner |
| **½ TL** | Kümmel |
| **1** | Lorbeerblatt |
| | Salz |
| **50 g** | Butter zum Dünsten |
| **100 g** | Zwiebeln, fein geschnitten |
| **2** | Knoblauchzehen, fein gehackt |
| **1 EL** | Mehl |
| | Salz und Pfeffer |

| | Weiteres |
|---|---|
| **2 EL** | Almkäse, gerieben |
| **2 EL** | Schnittlauch, fein geschnitten |
| **50 g** | braune Butter |

## Schwarzpolentaknödel

**1.** Brot in kleine Würfel schneiden und in eine Schüssel geben.

**2.** Frühlingslauch, Knoblauch und Bauchspeck in Butter dünsten und zum Brot geben.

**3.** Milch, Eier, Petersilie, Schwarzpolentamehl und Salz zum Brot geben und alles gut vermengen. Die Knödelmasse zugedeckt etwa **30 Minuten** ruhen lassen.

**4.** Mit nassen Händen oder einem Löffel Knödel formen und in kochendem Salzwasser etwa **15 Minuten** kochen lassen.

## Sauerkraut

**5.** Falls das Sauerkraut zu sauer schmeckt, sollte man es ausdrücken oder in kaltem Wasser wässern.

**6.** Wasser zum Sauerkraut gießen, Speck, Wacholderbeeren, Pfefferkörner, Kümmel und Lorbeerblatt dazugeben, etwas salzen und zugedeckt etwa **50 Minuten** kochen lassen.

**7.** In einer Pfanne Butter erhitzen, Zwiebelwürfel und Knoblauch darin dünsten, mit Mehl bestreuen und eine helle Mehlschwitze herstellen. Diese unter das Kraut mischen, mit Salz und Pfeffer nachwürzen und nochmals etwa **10 Minuten** kochen lassen.

## Fertigstellung

**8.** Sauerkraut auf Tellern anrichten, Knödel daraufgeben, mit Almkäse und Schnittlauch bestreuen, mit brauner Butter beträufeln und servieren.

### Variation

**Schwarzpolenta-Käseknödel:** Sehr gut schmecken die Knödel ohne Bauchspeck, dafür gefüllt mit einem Stück Bergkäse oder Gorgonzola.

### Tipp

* Servieren Sie zu den Knödeln auch gedünstetes Weißkraut oder frische kalte Milch.

Zubereitungszeit **etwa 1 Stunde**

**Für 4 Personen, etwa 12 Knödel**

# Brennnessel-Pressknödel

| | **Brennnessel-Pressknödel** |
|---|---|
| **150 g** | schnittfestes Weißbrot oder Knödelbrot |
| **100 ml** | Milch |
| **100 g** | Käse (Bergkäse, Graukäse, Tilsiter oder Gorgonzola) |
| **100 g** | gekochte Brennnesseln, fein gehackt |
| **2** | Eier |
| **1 EL** | Mehl |
| | Salz |
| **100 g** | Butter zum Braten |

| | **Spargelsalat** |
|---|---|
| **500 g** | weißer Spargel |
| **4 EL** | Olivenöl zum Dünsten |
| | Salz |
| **3 EL** | Weißweinessig |
| **2 EL** | Schnittlauch, fein geschnitten |
| | weißer Pfeffer aus der Mühle |

| | **Gebackene Zwiebelringe** |
|---|---|
| **1** | große Zwiebel |
| | Mehl zum Bestauben |
| | Salz |
| | Backfett |

| | **Weiteres** |
|---|---|
| **4 EL** | Parmesan, gerieben |
| **4 EL** | braune Butter |
| | Kerbelblätter zum Garnieren |

## Brennnessel-Pressknödel

**1.** Brot in kleine Würfel schneiden und in eine Schüssel geben. Milch erwärmen, Käse in Würfel schneiden und mit dem Brot mischen.

**2.** Brennnesseln zusammen mit Eiern, Mehl und Salz ebenfalls zum Brot geben. Die Masse gut durchkneten und etwa **15 Minuten** ruhen lassen.

**3.** Mit nassen Händen oder einem Löffel Knödel formen und diese mit der Hand flach drücken.

**4.** In einer Pfanne Butter erhitzen und die Knödel auf beiden Seiten braten, bis sie schön braun sind.

**5.** In der Zwischenzeit reichlich Salzwasser in einem Topf zum Kochen bringen und die Knödel darin etwa **15 Minuten** kochen.

## Spargelsalat

**6.** Den weißen Spargel schälen, in schräge Scheiben schneiden und in Olivenöl etwa **7 Minuten** dünsten.

**7.** Den gedünsteten Spargel in eine Schüssel geben, mit Salz, Weißweinessig, Schnittlauch und Pfeffer würzen und vermischen.

## Gebackene Zwiebelringe

**8.** Zwiebel schälen, in nicht zu dünne Scheiben schneiden, sodass große Ringe entstehen, mit Mehl bestauben und etwas abklopfen.

**9.** Zwiebelringe in heißem Backfett goldgelb backen, auf Küchenkrepp abtropfen lassen und leicht salzen.

## Fertigstellung

**10.** Den Spargelsalat anrichten, gekochte Brennnessel-Pressknödel daraufgeben, mit Parmesan bestreuen und mit brauner Butter abschmälzen. Mit gebackenen Zwiebelringen und Kerbelblättern garniert servieren.

## Tipps

* Für 100 g gekochte Brennnesseln brauchen Sie etwa 200 g rohe.
* Sie können die Brennnessel-Pressknödel auch ohne zu braten kochen.

Zubereitungszeit **etwa 40 Minuten**

**Für 4 Personen, etwa 12 Knödel**

# Käseknödel

Zubereitungszeit **etwa 30 Minuten**

**Für 4 Personen, etwa 12 Knödel**

| | Käseknödel |
|---|---|
| **150 g** | schnittfestes Weißbrot oder Knödelbrot |
| **30 g** | Zwiebeln, fein geschnitten |
| **20 g** | Butter zum Dünsten |
| **100 g** | Käse (Bergkäse oder Graukäse) |
| **2** | Eier |
| **80 ml** | Milch |
| **100 g** | Topfen (Quark) |
| **1 EL** | Mehl |
| **2 EL** | Schnittlauch, fein geschnitten |
| | Salz |

| | Weiteres |
|---|---|
| **40 g** | Bergkäse, geraspelt |
| **2 EL** | Schnittlauch, fein geschnitten |
| **30 g** | braune Butter |

## Käseknödel

**1.** Brot in kleine Würfel schneiden und in eine Schüssel geben.

**2.** Zwiebelwürfel in Butter dünsten.

**3.** Käse in kleine Würfel schneiden und mit den gedünsteten Zwiebelwürfeln zum Brot geben.

**4.** Eier mit Milch verrühren und zusammen mit dem Topfen zum Brot geben.

**5.** Mehl und Schnittlauch dazugeben, salzen, alles gut vermengen und etwa **10 Minuten** ruhen lassen.

**6.** Mit nassen Händen oder einem Löffel Knödel formen.

**7.** Reichlich Salzwasser in einem großen Topf zum Kochen bringen, die Knödel in das siedende Wasser geben und etwa **12 Minuten** kochen lassen.

## Fertigstellung

**8.** Knödel gut abtropfen lassen. Mit Bergkäse und Schnittlauch bestreuen, mit brauner Butter beträufeln und servieren.

## Tipps

* Servieren Sie die Käseknödel auch mit gemischtem Salat, Krautsalat, Gurkensalat, gedünstetem Weißkraut, Sauerkraut oder Spinat.
* Aus dieser Käseknödelmasse können Sie auch die klassischen **Käsenocken** zubereiten. Formen Sie die Nocken mit nassen Händen oder einem Löffel.

# Semmelknödel mit gerösteten Pilzen

| | **Semmelknödel** |
|---|---|
| **200 g** | schnittfeste Semmeln oder Knödelbrot |
| **50 g** | Zwiebeln, fein geschnitten |
| **2 EL** | Butter zum Dünsten |
| **2** | Eier |
| **150 ml** | Milch |
| | Salz |
| | Pfeffer aus der Mühle |
| **2 EL** | Petersilie, fein geschnitten |
| **2 EL** | Mehl |

| | **Geröstete Pilze** |
|---|---|
| **200 g** | Champignons, Steinpilze, Kräuterseitlinge, Pfifferlinge, Braunkappen |
| **50 g** | Zwiebeln, fein geschnitten |
| **2 EL** | Kräuteröl (siehe Seite 60) oder Butter zum Dünsten |
| **2 EL** | Petersilie, fein geschnitten |
| | Salz |

| | **Weiteres** |
|---|---|
| **70 g** | braune Butter |
| **2 EL** | Schnittlauch, fein geschnitten |
| **12** | Schafgarbenblätter zum Garnieren |

## Semmelknödel

**1.** Semmeln in Würfel schneiden.

**2.** Zwiebelwürfel in Butter hellbraun dünsten.

**3.** Eier und Milch verrühren, salzen und pfeffern und zusammen mit Petersilie und den gedünsteten Zwiebelwürfeln über das Brot geben.

**4.** Mehl untermischen und vermengen, bis eine glatte Masse entsteht.

**5.** Etwa **10 Minuten** ruhen lassen.

**6.** Mit nassen Händen oder einem Löffel Knödel formen und diese in reichlich Salzwasser etwa **15 Minuten** kochen lassen.

## Geröstete Pilze

**7.** Die Pilze putzen und halbieren, größere Exemplare in Würfel schneiden.

**8.** Zwiebelwürfel in Kräuteröl hellbraun dünsten.

**9.** Die Pilze dazugeben und etwa **5 Minuten** rösten, mit Petersilie und Salz würzen.

## Fertigstellung

**10.** Knödel auf Tellern zusammen mit den gerösteten Pilzen anrichten, mit brauner Butter beträufeln und mit Schnittlauch und Schafgarbenblättern garniert servieren.

## Tipps

* Die Knödelmasse darf beim Formen nicht zu weich sein, sonst zerfallen die Knödel beim Kochen. Machen Sie zuerst eine Probe. Mischen Sie eventuell noch etwas Mehl unter die Masse.
* Wenn Sie die Knödel ohne Mehl zubereiten wollen, müssen Sie sie kräftig drehen, bis sich eine leicht cremige, glatte Oberfläche auf dem Knödel bildet.
* Um den Knödeln einen noch besseren Geschmack zu verleihen, können Sie das Brot in einer Pfanne mit etwas Butter unter ständigem Rühren rösten.
* Semmelknödel können Sie auch über Dampf garen.
* Je älter und trockener das Brot, desto mehr Milch ist nötig.

Zubereitungszeit **etwa 30 Minuten**

**Für 4 Personen, etwa 12 Knödel**

# Serviettenknödel mit Rindsgulasch

(Schritt für Schritt siehe Seite 16)

| | Rindsgulasch |
|---|---|
| 500 g | Zwiebeln, in Streifen geschnitten |
| 4 EL | Öl zum Rösten |
| 800 g | Rindfleisch (Schulter), in Würfel (40 g) geschnitten |
| 2 EL | Tomatenmark |
| ½ EL | edelsüßes Paprikapulver |
| 125 ml | Rotwein |
| 1 TL | Weißweinessig |
| 1,5 l | Wasser oder Fleischsuppe (siehe Seite 20) |
| 1 | Lorbeerblatt |
| 1 TL | Gulaschgewürz (Kümmel, Knoblauch, Majoran, Zitronenschale, fein gehackt) |
| | Salz und Pfeffer |

| | Serviettenknödel |
|---|---|
| 200 g | schnittfestes Weißbrot oder Knödelbrot |
| 50 g | Zwiebeln, fein geschnitten |
| 2 EL | Öl zum Dünsten |
| 100 g | weiche Butter |
| 2 | Eier |
| 1 | Eigelb |
| 150 ml | Milch |
| 2 EL | Petersilie, fein geschnitten |
| | Salz |
| | Pfeffer aus der Mühle |
| 2 EL | Mehl |

| | Weiteres |
|---|---|
| 2 EL | zerlassene Butter zum Bestreichen |
| 50 g | gebratene Pfifferlinge |
| | Kerbel zum Garnieren |

## Rindsgulasch

**1.** Zwiebelstreifen im heißen Öl goldgelb rösten.

**2.** Zwiebelstreifen an die Seite des Topfes schieben und Fleisch im verbleibenden Öl kräftig anbraten, Tomatenmark dazugeben und kurz mitrösten.

**3.** Mit Paprikapulver bestreuen, mit Rotwein und Weißweinessig ablöschen, einkochen lassen und salzen.

**4.** Mit Wasser nach und nach aufgießen, Lorbeerblatt dazugeben und etwa **1½ Stunden** schmoren lassen. Falls nötig, noch etwas Wasser nachgießen.

**5.** Zum Schluss Gulaschgewürz unter das Gulasch rühren, mit Salz und Pfeffer abschmecken und noch etwa **5 Minuten** kochen lassen.

## Serviettenknödel

**6.** Brot in kleine Würfel schneiden und in eine Schüssel geben.

**7.** Zwiebelwürfel in Öl hellbraun dünsten.

**8.** Butter schaumig rühren, Eier und Eigelb untermischen und gut verrühren.

**9.** Knödelbrot, Zwiebelwürfel und Milch zusammen mit Petersilie, Salz und Pfeffer zur Buttermasse geben. Mehl untermischen und alle Zutaten vermengen, bis eine glatte Masse entsteht. Die Masse etwa **10 Minuten** ruhen lassen.

**10.** Die Knödelmasse auf eine nasse Stoffserviette oder Klarsichtfolie auftragen und zu einer Rolle (4 cm Ø) formen. Die Rolle mit Küchengarn zusammenbinden und in Salzwasser etwa **30 Minuten** kochen lassen.

## Fertigstellung

**11.** Das Gulasch auf Teller geben.

**12.** Den Serviettenknödel aus dem Wasser nehmen, auspacken, in Scheiben schneiden und auf dem Gulasch anrichten. Mit zerlassener Butter bestreichen und mit Pfifferlingen und Kerbel garniert servieren.

## Tipps

* Serviettenknödel können Sie auch im Dampfgarer garen.
* Sie können die Knödelscheiben auch in Butter anbraten.

Zubereitungszeit **etwa 2 Stunden**

**Für 4 Personen**

# Gebackene Reisknödel

### Gebackene Reisknödel

| | |
|---|---|
| 50 g | Zwiebeln |
| 2 EL | Öl zum Dünsten |
| 200 g | Rundkornreis (Arborio, Carnaroli oder Vialone nano) |
| 1 Pkg. | Safranpulver |
| 40 ml | Weißwein |
| 1 l | Fleischsuppe (siehe Seite 20) oder Wasser |
| 2 | Eigelb |
| 2 EL | Parmesan, gerieben |
| | Salz |
| 100 g | Mozzarella, in Würfel geschnitten |
| | Mehl, Eier und Weißbrotbrösel zum Panieren |
| | Backfett |

### Peperonicreme

| | |
|---|---|
| 50 g | Zwiebeln |
| 500 g | rote Peperoni (Paprikaschoten) |
| 2 EL | Olivenöl zum Dünsten |
| 1 | Knoblauchzehe, fein gehackt |
| 4 | Basilikumblätter |
| 100 ml | Wasser |
| | Salz |
| | Pfeffer aus der Mühle |
| 2 EL | Butter |

### Weiteres

| | |
|---|---|
| | gebackene Petersilie zum Garnieren |
| | Kräuteröl (siehe Seite 60) oder Olivenöl zum Garnieren |

## Gebackene-Reisknödel

**1.** Zwiebel schälen, in feine Würfel schneiden und in Öl dünsten. Reis dazugeben und kurz glasig dünsten.

**2.** Safranpulver in Weißwein auflösen und zum Reis geben, nach und nach mit Fleischsuppe aufgießen, des Öfteren umrühren und etwa **18 Minuten** kochen lassen.

**3.** Den Risotto vom Herd nehmen und etwas auskühlen lassen. Eigelb und Parmesan dazugeben, mit Salz würzen, umrühren und **15 Minuten** auskühlen lassen.

**4.** Aus der Risottomasse mit nassen Händen oder einem Löffel kleine Kugeln formen und die Mozzarella hineindrücken, dann zu runden Knödeln rollen.

**5.** Die Knödel in Mehl wenden, im verquirlten Ei drehen und in Weißbrotbröseln wälzen.

**6.** Die Reisknödel im heißen Fett bei **170 Grad** etwa **3 Minuten** backen, aus dem Fett nehmen und auf Küchenkrepp abtropfen lassen.

## Peperonicreme

**7.** Zwiebel schälen und in feine Würfel schneiden.

**8.** Peperoni waschen, schälen und in mittelgroße Stücke schneiden.

**9.** Olivenöl leicht erhitzen, Zwiebel und Knoblauch darin etwa **15 Minuten** dünsten.

**10.** Peperoni und Basilikum dazugeben, Wasser auffüllen, mit Salz und Pfeffer würzen und leicht dünsten lassen.

**11.** Die Peperoni im Mixer fein mixen und mit Butter abschmecken.

## Fertigstellung

**12.** Die gebackenen Reisknödel mit Peperonicreme auf Tellern anrichten und mit Petersilie und Kräuteröl garniert servieren.

## Tipp

* Anstelle der Mozzarella füllen Sie die Reisknödel mit Oliven oder gekochtem, gehacktem Spinat.

Zubereitungszeit **etwa 40 Minuten**

**Für 4 Personen, etwa 12 Knödel**

# Bärlauchknödel mit Löwenzahn und Radieschen

Zubereitungszeit **etwa 30 Minuten**

**Für 4 Personen, etwa 12 Knödel**

| | **Bärlauchknödel** |
|---|---|
| **150 g** | schnittfestes Weißbrot oder Knödelbrot |
| **100 ml** | Milch |
| **100 g** | Bergkäse |
| **100 g** | Bärlauch, gekocht |
| **2** | Eier |
| **1 EL** | Mehl |
| | Salz |
| | Pfeffer aus der Mühle |

| | **Weiteres** |
|---|---|
| **50 g** | Löwenzahn |
| **30 g** | Pimpinelle |
| **20 g** | Radieschen, in feine Streifen geschnitten |
| **100 ml** | Salatmarinade (siehe Seite 50) |
| **4 EL** | Parmesan, gerieben |
| **4 EL** | braune Butter |
| **4** | Kerbelblüten zum Garnieren |

## Bärlauchknödel

**1.** Brot in kleine Würfel schneiden und in eine Schüssel geben. Milch erwärmen, den Bergkäse in kleine Würfel schneiden und mit Brot mischen. Bärlauch zusammen mit den Eiern fein mixen und mit Mehl, Salz und Pfeffer zum Brot geben.

**2.** Die Masse gut durchkneten und etwa **15 Minuten** ruhen lassen.

**3.** Mit nassen Händen oder einem Löffel Knödel formen.

**4.** In der Zwischenzeit reichlich Salzwasser in einem Topf zum Kochen bringen und die Knödel darin etwa **15 Minuten** kochen.

## Fertigstellung

**5.** Löwenzahn, Pimpinelle und Radieschenstreifen mit der Salatmarinade marinieren und den gekochten Bärlauchknödel daraufgeben. Mit Parmesan bestreuen, mit brauner Butter abschmälzen und mit Kerbelblüten garniert servieren.

## Variation

**Schnittlauchknödel:** Anstelle des Bärlauchs verwenden Sie Schnittlauch oder wilden Schnittlauch.

## Tipp

* Für 100 g gekochten Bärlauch brauchen Sie etwa 200 g rohen.

# Brezenknödel mit Kalbskopf

Zubereitungszeit **etwa 1 Stunde**

**Für 4 Personen**

| | **Brezenknödel** |
|---|---|
| **200 g** | schnittfeste Laugenbrezen oder Laugenbrötchen |
| **50 g** | Zwiebeln |
| **2 EL** | Öl zum Dünsten |
| **100 g** | weiche Butter |
| **2** | Eier |
| **1** | Eigelb |
| **120 ml** | Milch |
| **2 EL** | Petersilie, fein geschnitten |
| | Salz |
| | Pfeffer aus der Mühle |
| **2 EL** | Mehl |
| **2 EL** | Butter zum Braten |

| | **Tomatenmarinade** |
|---|---|
| **1 EL** | Zwiebeln, fein geschnitten |
| **100 g** | Tomatenwürfel |
| **2 EL** | Olivenöl |
| **1 EL** | Apfelessig |
| | Salz |
| | Pfeffer aus der Mühle |

| | **Weiteres** |
|---|---|
| **4** | Kalbskopfscheiben oder gekochte Rindfleischscheiben |
| | Brunnenkresse oder Gartenkresse zum Garnieren |

## Brezenknödel

**1.** Laugenbrezen in Würfel schneiden.
**2.** Zwiebel schälen, in feine Würfel schneiden und in Öl hellbraun dünsten.
**3.** Butter schaumig rühren, Eier und Eigelb untermischen und gut verrühren.
**4.** Laugenbrot, Zwiebelwürfel und Milch zusammen mit Petersilie, Salz und Pfeffer zur Buttermasse geben.
**5.** Mehl untermischen und alle Zutaten vermengen, bis eine glatte Masse entsteht.
**6.** Die Masse etwa **10 Minuten** ruhen lassen.
**7.** Die Knödelmasse auf eine Klarsichtfolie auftragen, zu einer Rolle (4 cm Ø) einrollen, mit einer Alufolie fixieren und in Salzwasser etwa **20 Minuten** kochen lassen.

## Tomatenmarinade

**8.** Zwiebelwürfel mit Tomatenwürfeln, Olivenöl und Apfelessig vermischen und mit Salz und Pfeffer würzen.

## Fertigstellung

**9.** Den Brezenknödel aus dem Wasser nehmen, auspacken, in Scheiben schneiden – die Scheiben eventuell halbieren – und in Butter kurz braten.
**10.** Kalbskopfscheiben erwärmen, die Knödelscheiben darauf anrichten und mit Tomatenmarinade und Brunnenkresse garniert servieren.

## Tipps

* Servieren Sie den Brezenknödel als Beilage zu Gulasch, Wildragout oder als Knödelsalat.
* Verwenden Sie anstelle der Laugenbrezen Knödelbrot oder Schwarzbrot.
* Sie können den Brezenknödel auch über Dampf garen.

# Pressknödel mit Rettichsalat

(Schritt für Schritt siehe Seite 17)

Zubereitungszeit **etwa 30 Minuten**

**Für 4 Personen, etwa 12 Knödel**

| | **Pressknödel** |
|---|---|
| **150 g** | schnittfestes Weißbrot oder Knödelbrot |
| **120 g** | Graukäse oder Bergkäse |
| **100 ml** | Milch |
| **2** | Eier |
| **1 EL** | Mehl |
| **2 EL** | Schnittlauch oder Petersilie, fein geschnitten |
| | Salz |
| **50 g** | Butter oder Öl zum Anbraten |

| | **Rettichsalat** |
|---|---|
| **200 g** | Rettiche oder weiße Rüben |
| **2 EL** | Schnittlauch, fein geschnitten |
| **30 ml** | Traubenkernöl |
| **50 ml** | Weißweinessig |
| | Salz |
| | Pfeffer aus der Mühle |

| | **Weiteres** |
|---|---|
| **2 EL** | Brunnenkresse zum Garnieren |

## Pressknödel

**1.** Brot in kleine Würfel schneiden und in eine Schüssel geben.

**2.** Graukäse zerreiben oder in kleine Würfel schneiden und in der warmen Milch auflösen.

**3.** Aufgelösten Käse, Eier, Mehl, Schnittlauch und Salz zum Knödelbrot geben.

**4.** Die Masse gut durchkneten und etwa **15 Minuten** ruhen lassen.

**5.** Mit nassen Händen oder einem Löffel Knödel formen und diese mit der Hand flach drücken.

**6.** In einer Pfanne Butter erhitzen und die Pressknödel auf beiden Seiten braun braten.

**7.** In der Zwischenzeit reichlich Salzwasser in einem Topf zum Kochen bringen und die Pressknödel darin etwa **10 Minuten** kochen lassen.

## Rettichsalat

**8.** Den Rettich mit einer Gemüsereibe grob raspeln, Schnittlauch dazugeben und mit Traubenkernöl, Weißweinessig, Salz und Pfeffer marinieren.

## Fertigstellung

**9.** Die Pressknödel auf Rettichsalat anrichten und mit Brunnenkresse garniert servieren.

## Tipps

* Servieren Sie die Pressknödel in einer Fleischsuppe, mit gemischtem Salat oder mit Rübenkraut.
* Sie können die Knödel auch mit Rohnensalat (Rote-Bete-Salat) oder gedünstetem Weißkraut servieren.

# Gefüllte Kartoffel-Pfifferling-Knödel mit Wildkräutersalat

Zubereitungszeit **etwa 50 Minuten**

**Für 4 Personen, etwa 12 Knödel**

| | **Kartoffelteig** |
|---|---|
| **400 g** | mehlige Kartoffeln |
| **1** | Eigelb |
| **1 EL** | zerlassene Butter |
| **120 g** | Mehl |
| | Salz |

| | **Pfifferlingsfüllung** |
|---|---|
| **40 g** | Zwiebeln, fein geschnitten |
| **½** | Knoblauchzehe, fein gehackt |
| **50 ml** | Olivenöl zum Dünsten |
| **300 g** | Pfifferlinge, in kleine Würfel geschnitten |
| **1 TL** | Petersilie, fein geschnitten |
| | Salz |
| | Pfeffer aus der Mühle |

| | **Weiteres** |
|---|---|
| **100 g** | Pimpinelle, Waldmeister, Wasserminze, Kerbel, Wiesensalbeiblüten, Brunnenkresse, Melisse |
| **100 g** | geröstete Pfifferlinge |
| **2 EL** | Salatmarinade (siehe Seite 50) |
| **30 g** | Ziegenparmesan- oder Almkäse |
| **2 EL** | geröstete Brotwürfel |
| **40 g** | braune Butter |

## Kartoffelteig

**1.** Kartoffeln schälen, in 2 x 2 cm große Würfel schneiden und in Salzwasser etwa **20 Minuten** kochen.

**2.** Abseihen und etwas ausdämpfen lassen, bis sie trocken sind.

**3.** Kartoffelwürfel durch die Kartoffelpresse drücken, mit Eigelb und Butter verkneten und dann etwa **10 Minuten** erkalten lassen.

**4.** Mehl und Salz unter die Kartoffelmasse kneten.

**5.** Den Kartoffelteig 1 cm dick ausrollen und runde (6–7 cm Ø) Blätter ausstechen.

## Pfifferlingsfüllung

**6.** Zwiebel- und Knoblauchwürfel in Olivenöl andünsten, Pfifferlinge dazugeben und etwa **5 Minuten** dünsten.

**7.** Mit Petersilie, Salz und Pfeffer würzen und auskühlen lassen.

## Fertigstellung

**8.** Die Pfifferlingsfüllung auf die Kartoffelteigblätter geben, diese gut verschließen und den Teig zu Knödeln formen.

**9.** In kochendes Salzwasser geben und etwa **15 Minuten** kochen lassen.

**10.** Wildkräutersalat und Pfifferlinge kurz vor dem Servieren mit der Salatmarinade marinieren, auf Tellern anrichten und die Knödel daraufgeben.

**11.** Die Knödel mit Ziegenparmesankäse und gerösteten Brotwürfeln garnieren, mit brauner Butter beträufeln und servieren.

## Tipps

* Anstelle der Pfifferlingsfüllung können Sie auch andere Pilze, wie Champignons oder Steinpilze, oder eine Gemüse-, Spinat- oder Sauerkrautfüllung verwenden.
* Servieren Sie verschiedene Gemüse oder Blattsalate dazu.

# Couscous-Gemüse-Knödel mit Tomaten-Ingwer-Kompott

### Couscous-Gemüse-Knödel

| | |
|---|---|
| **370 ml** | Milch |
| **2 EL** | Butter |
| | Salz |
| **1 Msp.** | Muskatnuss, gerieben |
| **160 g** | Couscous oder Weizengrieß |
| **30 g** | Butter zum Dünsten |
| **50 g** | Zwiebeln, fein geschnitten |
| **je 50 g** | Karotten, Zucchini und Fenchelknolle, in feine Würfel geschnitten |
| | Pfeffer aus der Mühle |
| | Salz |
| **250 g** | Kartoffeln, gekocht und passiert |
| **3** | Eigelb |
| **30 g** | Parmesan, gerieben |
| **1 EL** | Petersilie, fein geschnitten |

### Tomaten-Ingwer-Kompott

| | |
|---|---|
| **400 g** | Datteltomaten |
| **1** | Knoblauchzehe, fein gehackt |
| **2 EL** | Olivenöl zum Dünsten |
| **1 TL** | Ingwer, gerieben |
| | Salz |

### Weiteres

| | |
|---|---|
| **50 g** | braune Butter |
| **2 EL** | Parmesan zum Bestreuen |
| **2 EL** | Basilikumblätter zum Garnieren |
| **2 EL** | Kresse zum Garnieren |

## Couscous-Gemüse-Knödel

**1.** Milch mit Butter, Salz und Muskatnuss zum Kochen bringen.

**2.** Couscous unter ständigem Rühren mit einem Schneebesen langsam einlaufen lassen und bei schwacher Hitze etwa **6 Minuten** kochen lassen.

**3.** Butter erhitzen, Zwiebel- und Gemüsewürfel dazugeben, mit Salz und Pfeffer würzen und etwa **5 Minuten** dünsten.

**4.** Couscous von der Kochstelle nehmen, Kartoffeln, Eigelb, Parmesan, Petersilie und das gedünstete Gemüse untermischen.

**5.** Aus der Masse mit nassen Händen oder einem Löffel kleine Knödel formen und in Salzwasser zugedeckt etwa **15 Minuten** leicht sieden lassen.

## Tomaten-Ingwer-Kompott

**6.** Datteltomaten eventuell schälen. Knoblauch in Olivenöl kurz andünsten, Datteltomaten dazugeben, etwa **5 Minuten** weich dünsten und mit Ingwer und Salz würzen.

## Fertigstellung

**7.** Couscous-Gemüse-Knödel mit einer Schaumkelle aus dem Wasser nehmen.

**8.** Die Knödel auf dem Tomaten-Ingwer-Kompott anrichten und mit brauner Butter, Parmesan, Basilikumblättern und Kresse garniert servieren.

## Tipps

* Anstelle des Couscous können Sie auch Quinoagrieß verwenden.
* Servieren Sie die Knödel auf einer Käsesauce oder einfach nur mit Almkäse und brauner Butter.
* Sie können das Tomaten-Ingwer-Kompott auch in Weckgläser füllen und einwecken.

Zubereitungszeit **etwa 40 Minuten**
**Für 4 Personen, etwa 12 Knödel**

# Gebratene Getreideknödel mit Urkarottensalat

| | Getreideknödel |
|---|---|
| 600 ml | Gemüsebrühe oder Wasser |
| 1 | Lorbeerblatt |
| 3 | Wacholderbeeren |
| 150 g | Quinoa, Weizen und Rollgerste, geschrotet |
| 50 g | Zwiebeln, fein geschnitten |
| 1 | Knoblauchzehe, fein gehackt |
| 1 EL | Butter zum Dünsten |
| 80 g | Kürbis, fein gerieben |
| 50 g | Topfen (Quark) |
| 1 TL | Majoran |
| 50 g | Weißbrotbrösel |
| | Salz |
| | Pfeffer aus der Mühle |
| 100 ml | Maisöl |

| | Urkarottensalat |
|---|---|
| je 1 | gelbe, violette und weiße Urkarotte |
| 50 ml | Olivenöl |
| 1 TL | Senf |
| 20 ml | Apfelessig |
| | Salz |
| 2 EL | Schnittlauch, fein geschnitten |

| | Weiteres |
|---|---|
| 30 g | geröstete Mandelblättchen |
| | Bronzefenchel und Sauerklee zum Garnieren |

## Getreideknödel

**1.** Gemüsebrühe mit Lorbeerblatt und Wacholderbeeren aufkochen, geschrotetes Getreide mit dem Schneebesen einrühren und aufkochen lassen. Anschließend den Getreidebrei etwa **30 Minuten** köcheln lassen.

**2.** Zwiebelwürfel und Knoblauch in Butter dünsten, Kürbis dazugeben und leicht mitdünsten.

**3.** Getreidebrei, gedünsteten Kürbis, Topfen, Majoran und Weißbrotbrösel vermischen, gut verkneten und mit Salz und Pfeffer abschmecken. Ist die Masse zu weich, noch etwas Brotbrösel dazugeben.

**4.** Die Masse mit nassen Händen oder einem Löffel zu Knödeln formen und in Maisöl etwa **10 Minuten** braten, eventuell im Backofen etwa **5 Minuten** fertig braten.

## Urkarottensalat

**5.** Karotten schälen und mit einer Aufschnittmaschine oder einem Sparschäler in sehr dünne Längsstreifen schneiden.

**6.** Olivenöl mit etwas Senf, Apfelessig und Salz verrühren, mit Schnittlauch abschmecken. Die Karotten in die Marinade geben und bereitstellen.

## Fertigstellung

**7.** Die Getreideknödel auf dem marinierten Urkarottensalat anrichten, mit gerösteten Mandelblättchen, Bronzefenchel und Sauerklee garnieren und servieren.

## Tipps

* Anstelle von Quinoa und Gerste verwenden Sie Amarant oder Buchweizen.
* Sie können die Knödel auf einer Käsesauce servieren.
* Servieren Sie verschiedene Blattsalate, wie Vogelesalat, Rucola oder Maikönig, dazu.

Zubereitungszeit **etwa 1 Stunde**

**Für 4 Personen, etwa 12 Knödel**

# Rohnenknödel mit Burrata

Zubereitungszeit **etwa 30 Minuten**

**Für 4 Personen, etwa 12 Knödel**

| | **Rohnenknödel** |
|---|---|
| **150 g** | Toastbrot, entrindet, oder Knödelbrot |
| **50 g** | Zwiebeln, fein geschnitten |
| **20 g** | Butter zum Dünsten |
| **100 g** | Rohnen (Rote Bete), gekocht |
| **2** | Eier |
| **2 EL** | Mehl |
| | Salz |

| | **Basilikumöl** |
|---|---|
| **50 g** | Basilikum |
| **50 g** | Petersilie |
| **200 ml** | Sonnenblumenöl |

| | **Weiteres** |
|---|---|
| **200 g** | Burrata, in Stücke geschnitten |
| **80 g** | Rohnenblätter |
| **4 EL** | Basilikumöl |
| **1 EL** | Basilikum, in feine Streifen geschnitten |
| **20 g** | geröstete Brotwürfel |
| | Pfeffer aus der Mühle |

## Rohnenknödel

**1.** Toastbrot in kleine Würfel schneiden und in eine Schüssel geben.

**2.** Zwiebelwürfel in Butter dünsten und über das Brot geben.

**3.** Rohnen schälen, in Stücke schneiden, dann zusammen mit den Eiern im Mixer pürieren und zum Brot geben.

**4.** Mehl beifügen, salzen, alle Zutaten gut vermischen und die Masse etwa **15 Minuten** ruhen lassen.

**5.** Mit nassen Händen oder einem Löffel Knödel formen und in Salzwasser etwa **15 Minuten** kochen.

## Basilikumöl

**6.** Basilikum und Petersilie grob schneiden und mit Sonnenblumenöl im Thermomixer bei **90 Grad** etwa **10 Minuten** mixen. Schnell abkühlen lassen und durch ein feines Sieb abseihen.

## Fertigstellung

**7.** Die Knödel eventuell halbieren und mit Burrata und Rohnenblättern auf Tellern anrichten. Mit Basilikumöl, Basilikumstreifen, gerösteten Brotwürfeln und Pfeffer aus der Mühle garniert servieren.

## Tipps

* Lagern Sie das Basilikumöl kühl und dunkel, sonst verliert es die grüne Farbe.
* Damit die Rohnenknödel auch an der Außenseite rot bleiben, muss jeder Knödel separat in eine Folie gewickelt und im Dampfgarer gegart werden. Ansonsten können Sie sie vor dem Servieren in frischgepresstem Rohnensaft schwenken.
* Rohnenknödel eignen sich auch als Beilage zu Geflügel- und Wildgerichten.
* Sie können die Rohnenknödel auch auf einer Käsesauce servieren.

# Grieß-Speck-Knödel mit Blattsalaten

Zubereitungszeit **etwa 30 Minuten**

**Für 4 Personen, etwa 12 Knödel**

| | Zutaten |
|---|---|
| **100 g** | schnittfestes Weißbrot oder Knödelbrot |
| **80 g** | Speck |
| **40 g** | Zwiebeln |
| **1 EL** | Öl |
| **150 ml** | Milch |
| **1 EL** | Butter |
| **1 Msp.** | Muskatnuss |
| **1 Prise** | Salz |
| **60 g** | Weizengrieß |
| **1** | Ei |
| **2 EL** | Petersilie, fein geschnitten |

| | Salatmarinade |
|---|---|
| **20 ml** | Weißweinessig |
| **2 EL** | Wasser oder Fleischsuppe (siehe Seite 20) |
| | Salz |
| | Pfeffer aus der Mühle |
| **50 ml** | Olivenöl |

| | Weiteres |
|---|---|
| **120 g** | Blattsalate (Vogele-, Radicchio-, Friséesalat usw.) |
| **4** | Radieschen, fein geschnitten |
| **1 EL** | Schnittlauch, fein geschnitten |
| | Petersilienblätter zum Garnieren |

## Zubereitung

**1.** Brot in kleine Würfel schneiden und in eine Schüssel geben.

**2.** Speck und Zwiebeln in feine Würfel schneiden und in Öl rösten.

**3.** Milch mit Butter, Muskatnuss und Salz aufkochen, Weizengrieß einrieseln lassen und unter ständigem Rühren etwa **5 Minuten** kochen.

**4.** Speck- und Zwiebelwürfel, Brot, Ei und Petersilie unter die Grießmasse mischen.

**5.** Die Masse etwas ruhen lassen.

**6.** Mit nassen Händen oder einem Löffel Knödel formen und in Salzwasser etwa **15 Minuten** kochen.

## Salatmarinade

**7.** Weißweinessig mit Wasser, Salz und Pfeffer verrühren und Olivenöl kräftig unterrühren.

## Fertigstellung

**8.** Die Blattsalate mit der Marinade beträufeln und zusammen mit den Knödeln auf Tellern anrichten. Mit Radieschen, Schnittlauch und Petersilie garnieren.

## Tipps

* Sie können diese Knödel auch ohne Speck zubereiten.
* Servieren Sie zu den Grieß-Speck-Knödeln Krautsalat, Rote-Rüben-Salat oder Kartoffelsalat.
* Sie können den Salat auch mit feinen Scheiben der Chioggiabete ergänzen.

# Karottenknödel mit Vogelesalat

Zubereitungszeit **etwa 40 Minuten**

**Für 4 Personen, etwa 12 Knödel**

| | Karottenknödel |
|---|---|
| 150 g | schnittfestes Weißbrot oder Knödelbrot |
| 50 g | Zwiebeln, fein geschnitten |
| 1 | Knoblauchzehe, fein gehackt |
| 50 g | Butter zum Dünsten |
| 100 ml | Milch |
| 80 g | Schnittkäse |
| 200 g | Karotten, gekocht |
| 2 | Eier |
| 1 EL | Petersilie, fein geschnitten |
| 2 EL | Kamut- oder Dinkelmehl |
| | Salz |
| | Pfeffer aus der Mühle |

| | Karottendressing |
|---|---|
| 100 ml | Rapsöl |
| 20 ml | weißer Balsamicoessig oder Weißweinessig |
| 1 TL | Senf |
| | Salz |
| 50 g | feine Karottenwürfel, gekocht |
| 50 ml | Karottensaft oder Karottenkochwasser |
| 1 TL | Kren (Meerrettich), fein gerieben |

| | Weiteres |
|---|---|
| 150 g | Vogelesalat |
| 4 EL | Parmesanspäne |
| 4 EL | braune Butter |

## Karottenknödel

**1.** Brot in kleine Würfel schneiden und in eine Schüssel geben.

**2.** Zwiebelwürfel zusammen mit Knoblauch in Butter dünsten.

**3.** Milch erwärmen, Käse in kleine Würfel schneiden und beides unter das Brot mischen.

**4.** Karotten fein hacken oder grob mixen, zusammen mit Eiern, Petersilie, Zwiebelgemisch, Kamutmehl, Salz und Pfeffer ebenfalls zum Brot geben.

**5.** Die Masse gut verkneten und **15 Minuten** ruhen lassen.

**6.** Mit nassen Händen oder einem Löffel Knödel formen.

**7.** In der Zwischenzeit reichlich Salzwasser in einem Topf zum Kochen bringen und die Knödel darin etwa **15 Minuten** kochen lassen.

## Karottendressing

**8.** Rapsöl, weißen Balsamicoessig, Senf und Salz verrühren und Karottenwürfel, Karottensaft und Meerrettich untermischen.

## Fertigstellung

**9.** Vogelesalat mit Karottendressing marinieren, zusammen mit den Karottenknödeln auf Tellern anrichten. Mit Parmesan bestreuen, mit brauner Butter abschmälzen und servieren.

## Variationen

**Spargelknödel:** Anstelle der Karotten verwenden Sie weißen oder grünen Spargel. Diesen in feine Würfel schneiden und dünsten.

**Kürbisknödel:** Anstelle der Karotten verwenden Sie Kürbis. Gehen Sie dabei ebenso vor.

# Kartoffelknödel mit Radicchiofüllung

| | **Kartoffelteig** |
|---|---|
| **500 g** | mehlige Kartoffeln |
| **2** | Eigelb |
| **1 EL** | zerlassene Butter |
| **50 g** | Speisestärke |
| **1 Msp.** | Muskatnuss, gerieben |
| | Salz |
| **1 EL** | Petersilie, sehr fein geschnitten |

| | **Radicchiofüllung** |
|---|---|
| **250 g** | Radicchio |
| **40 g** | Zwiebeln, fein geschnitten |
| **½** | Knoblauchzehe, fein gehackt |
| **50 ml** | Olivenöl zum Dünsten |
| **100 ml** | Rotwein |
| **2 EL** | Rotweinessig |
| **40 g** | Pecorino |
| **1 TL** | Petersilie, fein geschnitten |
| | Salz |
| | Pfeffer aus der Mühle |

| | **Weiteres** |
|---|---|
| **30 g** | Austernkresse |
| **2 EL** | Apfelessig |
| **3 EL** | Olivenöl |
| **2 EL** | Wasser |
| | Salz und Pfeffer |
| **1 EL** | Schnittlauch |
| **30 g** | Parmesan, gerieben |
| **40 g** | braune Butter zum Beträufeln |

## Kartoffelteig

**1.** Kartoffeln schälen, in 2 x 2 cm große Würfel schneiden und in Salzwasser etwa **20 Minuten** kochen.

**2.** Abseihen und ausdämpfen lassen, bis sie trocken sind.

**3.** Kartoffeln durch die Kartoffelpresse drücken, zusammen mit Eigelb und Butter verkneten und dann etwa **15 Minuten** abkühlen lassen.

**4.** Speisestärke, Muskatnuss, Salz und Petersilie unter die Kartoffelmasse kneten.

## Radicchiofüllung

**5.** Radicchio **20 Minuten** in lauwarmes Wasser legen, die Spitzen abschneiden und für die Garnitur beiseitestellen.

**6.** Zwiebeln und Knoblauch in Olivenöl dünsten, den Radicchio in Streifen schneiden und dazugeben. Mit Rotwein und Rotweinessig aufgießen und etwa **15 Minuten** dünsten lassen.

**7.** Mit Pecorino, Petersilie, Salz und Pfeffer würzen.

## Fertigstellung

**8.** Den Kartoffelteig 1 cm dick ausrollen und runde Blätter (6–7 cm Ø) ausstechen. Die Radicchiofüllung auf die Kartoffelteigblätter geben, diese gut verschließen und den Teig zu Knödeln formen.

**9.** Die Knödel in kochendes Salzwasser geben und etwa **15 Minuten** kochen lassen.

**10.** Radicchiostreifen und Austernkresse mit Apfelessig, Olivenöl, Wasser, Salz und Pfeffer marinieren.

**11.** Die Knödel mit dem marinierten Salat auf Tellern anrichten und mit Schnittlauch und Parmesan bestreuen. Mit brauner Butter beträufeln und servieren.

## Tipp

* Die Füllung soll nicht zu nass sein, eventuell etwas geriebenes Weißbrot dazugeben.

Zubereitungszeit **etwa 1 Stunde**

**Für 4 Personen, etwa 12 Knödel**

# Kürbisknödel auf Erbsencreme

| | Kürbisknödel |
|---|---|
| 150 g | schnittfestes Weißbrot oder Knödelbrot |
| 50 g | Schalotten oder Zwiebeln |
| 20 g | Butter zum Dünsten |
| 100 g | Käse (Tilsiter, Bergkäse oder Graukäse) |
| 2 | Eier |
| 80 ml | Milch |
| 100 g | Ricotta |
| 120 g | Kürbis, in sehr feine Würfel geschnitten und gedünstet |
| 2 EL | Mehl |
| 2 EL | Schnittlauch, fein geschnitten |
| 1 TL | Thymian, fein geschnitten |
| | Salz |

| | Erbsencreme |
|---|---|
| 2 EL | weißer Lauch, in feine Würfel geschnitten |
| 1 EL | Butter zum Dünsten |
| 300 g | Erbsen |
| 30 ml | Sahne |
| | Salz |
| | Pfeffer aus der Mühle |

| | Weiteres |
|---|---|
| 2 EL | Kürbiskerne, grob gehackt und leicht geröstet |
| 2 EL | Parmesan, gerieben |
| 30 g | braune Butter |
| 4 EL | gekochte und geschälte Erbsen zum Garnieren |
| | Erbsenkresse zum Garnieren |

## Kürbisknödel

**1.** Weißbrot entrinden, in sehr kleine Würfel schneiden.
**2.** Schalotten schälen, fein schneiden und in Butter dünsten.
**3.** Käse in kleine Würfel schneiden und mit den gedünsteten Schalotten zum Brot geben.
**4.** Eier mit Milch verrühren und zusammen mit dem Ricotta und den Kürbiswürfeln unter das Brot mischen.
**5.** Mehl, Schnittlauch und Thymian dazugeben, salzen, alles gut vermengen und etwa **10 Minuten** ruhen lassen.
**6.** Mit nassen Händen oder einem Löffel Knödel formen.
**7.** Reichlich Salzwasser in einem großen Topf zum Kochen bringen, die Knödel in das siedende Wasser geben und etwa **15 Minuten** kochen.

## Erbsencreme

**8.** Lauch in Butter dünsten, Erbsen und Sahne dazugeben, mit Salz und Pfeffer würzen und bei schwacher Hitze etwa **5 Minuten** weiterdünsten.
**9.** Die Erbsen mit dem Pürierstab fein pürieren.

## Fertigstellung

**10.** Die Erbsencreme auf Tellern anrichten und die gekochten Knödel, nachdem sie gut abgetropft sind, auf die Creme setzen. Mit gerösteten Kürbiskernen und Parmesan bestreuen, mit brauner Butter beträufeln und mit Erbsen und Erbsenkresse garniert servieren.

## Tipps

* Servieren Sie die Knödel mit gemischtem Salat, Rucola-, Krautsalat oder gedünstetem Weißkraut.
* Anstelle der Erbsencreme können Sie auch Sauerkraut, Gurkensalat oder Spinatsalat dazu servieren.
* Ebenso gut passt eine Kürbiscreme oder eine Spinatcreme dazu.

Zubereitungszeit **etwa 30 Minuten**

**Für 4 Personen, etwa 12 Knödel**

# Knödel-Pilz-Gröstel mit gebratenem Speck

Zubereitungszeit **etwa 1 Stunde**

**Für 4 Personen, etwa 12 Knödel**

**Zutaten**

| | |
|---|---|
| **400 g** | Serviettenknödel (siehe Seite 32) oder Speckknödel (siehe Seite 18) |
| **200 g** | frische Steinpilze |
| **30 ml** | Öl |
| **1** | rote Zwiebel, in Blättchen geschnitten und in Salzwasser mit etwas Essig kurz blanchiert |
| **60 g** | Butter |
| | Salz |
| | Pfeffer aus der Mühle |

**Weiteres**

| | |
|---|---|
| **8** | geröstete Speckscheiben |
| **2 EL** | Spitzwegerich, Wiesensalbeiblüten und Schnittlauchröllchen |

## Zubereitung

**1.** Gekochten und ausgekühlten Serviettenknödel in Scheiben schneiden.

**2.** Steinpilze putzen und ebenfalls in Scheiben schneiden.

**3.** In einer beschichteten Pfanne Öl erhitzen und die Knödelscheiben darin etwa **10 Minuten** braten lassen. Zwiebelblättchen dazugeben und mitbraten.

**4.** Steinpilzscheiben in einer eigenen Pfanne etwa **3 Minuten** braten, salzen und zu den Knödeln geben.

**5.** Die Hitze reduzieren, Butter zufügen, mit Salz und Pfeffer würzen und mit gerösteten Speckscheiben und Kräutern garniert servieren.

## Variation

**Knödel-Spargel-Gröstel:** Anstelle der Steinpilze verwenden Sie grünen oder weißen Spargel. Diesen in dünne Scheiben schneiden und braten.

## Tipps

* Servieren Sie zum Knödel-Pilz-Gröstel Krautsalat oder einen gemischten Salat.
* Sie können auch andere Pilze, wie Kräuterseitlinge, Pfifferlinge, Champignons oder Shiitakepilze, verwenden.

# Knödelsoufflé auf Haselnussespuma

**Soufflémasse**

| | |
|---|---|
| 30 g | Zwiebeln, fein geschnitten |
| 20 g | Butter zum Dünsten |
| 120 g | Toastbrot |
| 80 g | gereifter Bergkäse oder Tilsiter |
| 3 | Eigelb |
| 50 ml | Milch |
| 60 g | Ricotta |
| 2 EL | Petersilie, fein geschnitten |
| | Salz |
| 3 | Eiweiß |
| | weiche Butter zum Ausstreichen der Formen |
| 4 | hauchdünne Brotscheiben (Ciabatta oder Weißbrot) zum Auslegen der Formen |

**Haselnussespuma**

| | |
|---|---|
| 30 g | Haselnusspaste oder geröstete, geschälte Haselnüsse, fein gemörsert |
| 80 g | Parmesan |
| 80 ml | Geflügelfond oder Fleischsuppe (siehe Seite 20) |
| 50 ml | Sahne |
| | Salz und Pfeffer |

**Kräuteröl**

| | |
|---|---|
| 50 g | Petersilie |
| 1 EL | Kerbel |
| 1 EL | Basilikum |
| 200 ml | Sonnenblumenöl |

**Weiteres**

| | |
|---|---|
| 2 EL | Kräuteröl |
| 12 | Erbsensprossen zum Garnieren |
| 2 EL | geröstete Haselnüsse, grob gehackt, zum Garnieren |

## Knödelsoufflé

**1.** Zwiebelwürfel in Butter dünsten.

**2.** Toastbrot entrinden, in kleine Würfel schneiden, zu den Zwiebelwürfeln geben und kurz mitdünsten.

**3.** Käse in kleine Würfel schneiden und zusammen mit Eigelb, Milch, Ricotta, Brotwürfeln und Petersilie in eine Schüssel geben.

**4.** Mit Salz würzen, gründlich vermengen und etwa **10 Minuten** ruhen lassen.

**5.** Eiweiß steif schlagen und unter die Knödelmasse heben.

**6.** Die Auflaufformen mit Butter ausstreichen und mit den dünnen Brotscheiben auslegen (das Brot soll etwa 2 cm über die Form hinausragen).

**7.** Die Soufflémasse in die ausgelegten Auflaufformen füllen und im vorgeheizten Backofen bei **180 Grad** etwa **20 Minuten** backen.

## Haselnussespuma

**8.** Haselnusspaste, Parmesan, Geflügelfond, Sahne, Salz und Pfeffer im Thermomixer bei **60 Grad** etwa **5 Minuten** fein mixen, in einen Siphon füllen, mit einer Sahnekapsel versetzen und warm stellen.

## Kräuteröl

**9.** Petersilie, Kerbel und Basilikum grob schneiden und mit Sonnenblumenöl im Thermomixer bei **90 Grad** etwa **10 Minuten** mixen, dann schnell abkühlen und durch ein feines Sieb seihen.

## Fertigstellung

**10.** Haselnussespuma auf Tellern anrichten, Knödelsoufflé daraufsetzen, mit Kräuteröl, Sprossen und gerösteten Haselnüssen garniert servieren.

### Tipp

* Lagern Sie das Kräuteröl kühl und dunkel, sonst verliert es die grüne Farbe.

Zubereitungszeit **etwa 50 Minuten**

**Für 4 Personen**

# Kräuterknödel mit Kalbsrahmgulasch

| | Kräuterknödel |
|---|---|
| 200 g | schnittfestes Weißbrot oder Knödelbrot |
| 50 g | Zwiebeln, fein geschnitten |
| 2 EL | Butter zum Dünsten |
| 2 | Eier |
| 150 ml | Milch |
| | Salz |
| | Pfeffer aus der Mühle |
| 2 EL | Petersilie, Schnittlauch, Kerbel oder Majoran, fein geschnitten |
| 2 EL | Mehl |

| | Kalbsrahmgulasch |
|---|---|
| 800 g | Kalbsschulter |
| | Salz und Pfeffer |
| 2 EL | Mehl |
| 50 ml | Öl zum Anbraten |
| 200 g | Zwiebeln, in Würfel geschnitten |
| 1 EL | Tomatenmark |
| 60 ml | Weißwein |
| 1 l | Fleischsuppe (siehe Seite 20), braune Kalbsbrühe oder Wasser |
| 50 ml | Sahne |
| 1 TL | Gulaschgewürz (Knoblauchzehe, Kümmel, Majoran, Zitronenschale, fein gehackt) |

| | Weiteres |
|---|---|
| 100 g | geviertelte Champignons, gedünstet |
| 12 | gekochte Gartenkarotten |
| | Majoranblätter zum Garnieren |
| 1 EL | Parmesan |
| 2 EL | braune Butter |

## Kräuterknödel

**1.** Brot in kleine Würfel schneiden und in eine Schüssel geben.

**2.** Zwiebelwürfel in Butter hellbraun dünsten.

**3.** Eier und Milch verrühren, salzen und pfeffern und zusammen mit Kräutern und gedünsteten Zwiebelwürfeln über das Brot geben.

**4.** Mehl untermischen und alle Zutaten vermengen, bis eine glatte Masse entsteht, dann die Masse etwa **10 Minuten** ruhen lassen.

**5.** Mit nassen Händen oder einem Löffel Knödel formen und diese in reichlich Salzwasser etwa **15 Minuten** kochen lassen.

## Kalbsrahmgulasch

**6.** Fleisch in etwa 30 g schwere Würfel schneiden, mit Salz und Pfeffer würzen und mit Mehl bestauben.

**7.** In einem Topf Öl erhitzen, Fleisch anbraten, dann wieder herausnehmen. Zwiebeln im selben Topf leicht anrösten, Tomatenmark dazugeben und mitrösten.

**8.** Mit Weißwein ablöschen, Fleisch dazugeben und mitrösten, bis der Fleischsaft verdunstet und eine schöne braune Farbe entstanden ist. Dann mit Fleischsuppe aufgießen und etwa **1½ Stunden** dünsten lassen.

**9.** Fleisch herausnehmen und warm stellen.

**10.** Sahne in die Sauce geben und einkochen lassen, bis sie eine cremige, nicht zu dicke Konsistenz hat. Mit dem Pürierstab mixen und Fleisch zurück in die Sauce geben.

**11.** Nun Gulaschgewürz, dazugeben und kurz aufkochen lassen.

## Fertigstellung

**12.** Kalbsrahmgulasch mit Kräuterknödeln, Champignons und Gartenkarotten anrichten und mit Majoranblättern garnieren. Die Knödel mit Parmesan bestreuen, mit brauner Butter beträufeln und servieren.

Zubereitungszeit **1–1½ Stunden**

**Für 4 Personen, etwa 12 Knödel**

# Melanzaneknödel mit mediterranem Gemüse

Zubereitungszeit **etwa 50 Minuten**

**Für 4 Personen, etwa 12 Knödel**

| | **Melanzaneknödel** |
|---|---|
| **300 g** | Melanzane (Auberginen) |
| | Salz |
| | Pfeffer aus der Mühle |
| **1 EL** | Olivenöl |
| **2** | Eigelb |
| **60 g** | Mehl |
| **30 g** | Parmesan, gerieben |
| **250 g** | Toastbrot, fein gerieben oder gemixt |
| | Salz |
| | Pfeffer aus der Mühle |
| **12** | Büffelmozzarella-Perlen zum Füllen |

| | **Mediterranes Gemüse** |
|---|---|
| **2 EL** | Olivenöl zum Dünsten |
| **100 g** | Melanzane (Aubergine), in Würfel geschnitten |
| **220 g** | Kirschtomaten, geschält |
| **50 g** | Taggiasche-Oliven |
| | Salz |
| **1 EL** | Petersilie |

| | **Weiteres** |
|---|---|
| **1 EL** | Olivenöl zum Beträufeln |
| **2 EL** | Kresse zum Garnieren |
| **2 EL** | geröstete Brotwürfel zum Garnieren |

## Melanzaneknödel

**1.** Melanzane halbieren, mit Salz und Pfeffer würzen, mit Olivenöl beträufeln und im Backofen bei **160 Grad** etwa **20 Minuten** garen.

**2.** Melanzane schälen oder Fruchtfleisch mit einem Löffel herausschaben und pürieren. Mit Eigelb, Mehl, Parmesan, Toastbrotbröseln, Salz und Pfeffer verkneten.

**3.** Aus dem Teig eine Rolle (5 cm Ø) formen und in Stücke schneiden. Jeweils ein Stück etwas platt drücken, mit einer Mozzarella-Perle füllen, gut verschließen und zu einem Knödel rollen. Alle Knödel so formen und kalt stellen.

**4.** In einem Topf Salzwasser zum Kochen bringen und die Melanzaneknödel darin etwa **8 Minuten** kochen lassen.

## Mediterranes Gemüse

**5.** Olivenöl erhitzen, Melanzanewürfel dazugeben und etwa **3 Minuten** dünsten.

**6.** Kirschtomaten und Oliven ebenfalls zufügen, mit Salz und Petersilie würzen und kurz erwärmen.

## Fertigstellung

**7.** Die Melanzaneknödel mit dem mediterranen Gemüse auf Teller geben, mit Olivenöl beträufeln und mit Kresse garniert servieren.

### Variation

**Kürbisknödel:** Sie können statt Melanzane auch Kürbis verwenden.

### Tipp

* Dazu passen Blattsalate der Jahreszeit.

# Polentaknödel mit Gorgonzolafüllung

Zubereitungszeit **etwa 50 Minuten**

**Für 4 Personen, etwa 12 Knödel**

| | **Polentaknödel** |
|---|---|
| **500 ml** | Milch |
| **30 g** | Butter |
| | Salz |
| **1** | Rosmarinzweig |
| **250 g** | gelbes Polentamehl (Maisgrieß, mittel) |
| **150 g** | Speck |
| **60 g** | geröstete Brotwürfel |
| **3** | Eier |
| | Pfeffer aus der Mühle |
| **1 EL** | Petersilie, fein geschnitten |
| **120 g** | Gorgonzola zum Füllen |

| | **Weiters** |
|---|---|
| **200 g** | Ofentomaten (Dattel- oder Kirschtomaten) |
| **4 EL** | braune Butter zum Beträufeln |
| **1 EL** | Kerbelblätter zum Garnieren |

## Polentaknödel

**1.** Milch mit Butter, Salz und Rosmarin aufkochen.

**2.** Polentamehl einrieseln lassen und mit dem Schneebesen rühren, bis alles gut vermischt ist.

**3.** Etwa **35 Minuten** kochen lassen und dabei mit einem Kochlöffel immer wieder umrühren, damit die Polenta nicht anbrennt.

**4.** Speck in Würfel schneiden und in einer Pfanne kurz anbraten.

**5.** Geröstete Speck- und Brotwürfel, Eier, Pfeffer und Petersilie unter die Polenta rühren und die Masse etwas abkühlen lassen.

**6.** Mit nassen Händen oder einem Löffel Knödel formen und diese mit etwas Gorgonzola füllen.

**7.** In einem Topf Salzwasser zum Kochen bringen und die Knödel darin etwa **15 Minuten** kochen lassen.

## Fertigstellung

**8.** Die Knödel mit den Ofentomaten auf Tellern anrichten, mit etwas brauner Butter beträufeln und mit Kerbelblättern garniert servieren.

## Tipps

* Verwenden Sie weißes Polentamehl anstelle des gelben.
* Sie können die Knödel auch mit Wildragout, Gemüseragout oder Artischocken servieren.

# Steinpilzknödel mit Kräuter-Steinpilz-Salat

Zubereitungszeit **etwa 30 Minuten**

**Für 4 Personen, etwa 12 Knödel**

| | **Steinpilzknödel** |
|---|---|
| **200 g** | schnittfestes Weißbrot oder Knödelbrot |
| **150 g** | frische Steinpilze oder 20 g getrocknete Steinpilze |
| **40 g** | Zwiebeln |
| **1** | Knoblauchzehe |
| **2 EL** | Butter zum Dünsten |
| | Salz |
| | Pfeffer aus der Mühle |
| **2 EL** | Petersilie, fein geschnitten |
| **1 EL** | Schnittlauch, fein geschnitten |
| **100 ml** | Milch |
| **3** | Eier |
| **2 EL** | Mehl |

| | **Kräuter-Steinpilz-Salat** |
|---|---|
| **60 g** | Kräutersalate (Rucola, Vogelesalat, Friséesalat, Kapuzinerkresse) |
| **50 g** | rohe Steinpilzscheiben |
| **12** | geröstete Speckscheiben |
| **30 g** | geröstete Brotwürfel |
| **2 EL** | Olivenöl |
| **1 EL** | Zitronensaft |
| | Salz |
| | Pfeffer aus der Mühle |

## Steinpilzknödel

**1.** Brot in kleine Würfel schneiden und in eine Schüssel geben.

**2.** Steinpilze putzen und in kleine Würfel schneiden.

**3.** Zwiebel und Knoblauch schälen und fein schneiden. In Butter dünsten, Pilze dazugeben und mitrösten. Mit Salz, Pfeffer, Petersilie und Schnittlauch abschmecken.

**4.** Die Pilzmischung unter das Brot heben.

**5.** Milch mit Eiern verrühren und ebenfalls dazugeben.

**6.** Dann das Mehl untermischen und die Masse zugedeckt etwa **15 Minuten** ruhen lassen.

**7.** Mit nassen Händen oder einem Löffel Knödel formen.

**8.** Reichlich Salzwasser zum Kochen bringen und die Steinpilzknödel darin etwa **15 Minuten** kochen lassen.

## Kräuter-Steinpilz-Salat

**9.** Kräutersalate, Steinpilze, Speck und Brotwürfel vermischen, mit Olivenöl, Zitronensaft, Salz und Pfeffer marinieren.

## Fertigstellung

**10.** Die Steinpilzknödel auf Tellern anrichten, den Kräuter-Steinpilz-Salat über die Steinpilzknödel geben und servieren.

## Variation

**Totentrompetenknödel:** Anstelle der Steinpilze verwenden Sie 150 g frische Totentrompeten oder 20 g getrocknete Totentrompeten, die zuerst in kaltem Wasser eingeweicht werden müssen. Den Kräutersalat können Sie mit kurz gerösteten Totentrompeten verfeinern.

**Pfifferlingknödel:** Statt Steinpilze verwenden Sie Pfifferlinge.

## Tipps

* Sie können die Knödel auf einer leichten Rahmsauce, auf Steinpilzragout oder einfach nur mit brauner Butter und Käse abgeschmälzt servieren.
* Geeignet auch als Beilage zu Wildgerichten.

# Topfenknödel im Zwiebelfond

Zubereitungszeit **etwa 50 Minuten**

**Für 4 Personen, etwa 12 Knödel**

| | **Topfenknödel** |
|---|---|
| **120 g** | Toastbrot |
| **80 g** | weiche Butter |
| **250 g** | Topfen (Quark) |
| **2** | Eier |
| | Salz |
| **1 Msp.** | Muskatnuss, gerieben |
| **20 g** | Mehl |

| | **Zwiebelfond** |
|---|---|
| **200 g** | Zwiebeln |
| **30 ml** | Olivenöl |
| **50 ml** | Weißwein |
| **500 ml** | Fleischsuppe (siehe Seite 20) oder Wasser |
| **½** | Knoblauchzehe |
| **1** | Lorbeerblatt |
| **1** | Thymianzweig |
| | Salz |
| | Pfeffer aus der Mühle |

| | **Weiteres** |
|---|---|
| **4 EL** | Weißbrotbrösel, in Butter geröstet |
| **1 EL** | Schnittlauch, fein geschnitten |

## Topfenknödel

**1.** Das Toastbrot entrinden und in der Moulinette mixen.

**2.** Butter schaumig rühren, Topfen dazugeben, Eier nach und nach einrühren und mit Salz und Muskatnuss würzen.

**3.** Toastbrotbrösel und Mehl mit dem Kochlöffel unter die Butter-Eier-Masse heben und etwa **20 Minuten** im Kühlschrank ruhen lassen.

**4.** Mit nassen Händen oder einem Löffel Knödel formen.

**5.** In einem Topf reichlich Salzwasser zum Kochen bringen, die Topfenknödel hineingeben und halb zugedeckt etwa **15 Minuten** kochen lassen.

## Zwiebelfond

**6.** Zwiebeln schälen, in Längsstreifen schneiden und in Olivenöl goldgelb rösten.

**7.** Mit Weißwein ablöschen und mit Fleischsuppe aufgießen.

**8.** Den Zwiebelfond aufkochen lassen und mit Knoblauch, Lorbeerblatt, Thymian, Salz und Pfeffer würzen. Etwa **20 Minuten** kochen lassen.

## Fertigstellung

**9.** Den Zwiebelfond in Teller füllen und die Topfenknödel hineingeben. Mit gerösteten Weißbrotbröseln bestreuen und mit Schnittlauch garniert servieren.

## Tipps

* Machen Sie zuerst eine Kochprobe. Wenn die Masse zu weich ist und zerfällt, mischen Sie noch etwas Toastbrotbrösel unter den Teig.
* Sie können auch Ziegentopfen oder Büffelricotta verwenden.
* Servieren Sie die Knödel statt mit Zwiebelfond mit Tomatensauce.

# Mangoldknödel auf buntem Salat

Zubereitungszeit **etwa 40 Minuten**

**Für 4 Personen, etwa 12 Knödel**

| | **Mangoldknödel** |
|---|---|
| **150 g** | schnittfestes Weißbrot oder Knödelbrot |
| **60 g** | Zwiebeln |
| **1** | Knoblauchzehe |
| **2 EL** | Butter zum Dünsten |
| **200 g** | Mangoldblätter, gekocht |
| | Salz |
| | Pfeffer aus der Mühle |
| **1 Msp.** | Muskatnuss, gerieben |
| **2** | Eier |
| **50 ml** | Milch |
| **30 g** | Gorgonzola |
| **1 EL** | Mehl |

| | **Bunter Salat** |
|---|---|
| **200 g** | rote Mangoldstiele, etwa 5 Minuten gekocht |
| **200 g** | gelbe Mangoldstiele, etwa 5 Minuten gekocht |
| **1 EL** | Petersilie, fein geschnitten |
| **30 ml** | Olivenöl |
| **20 ml** | Himbeeressig |
| | Salz |
| | Pfeffer aus der Mühle |

| | **Weiteres** |
|---|---|
| **30 g** | Parmesan |
| **50 g** | braune Butter |
| | Liebstöckel- oder Petersilienblätter zum Garnieren |
| **4** | Brotchips zum Garnieren |

## Mangoldknödel

**1.** Brot in kleine Würfel schneiden und in eine Schüssel geben.

**2.** Zwiebel und Knoblauch schälen, klein schneiden und in Butter dünsten.

**3.** Mangold fein hacken, dazugeben und mit Salz, Pfeffer und Muskatnuss würzen.

**4.** Mangold, Eier, Milch, Gorgonzola und Mehl zum Brot geben und kräftig durchmischen.

**5.** Etwa **15 Minuten** zugedeckt ruhen lassen.

**6.** Mit nassen Händen oder einem Löffel Knödel formen, in kochendes Salzwasser geben und etwa **15 Minuten** kochen lassen.

## Bunter Salat

**7.** Mangoldstiele in schräge Scheiben schneiden, mit Petersilie, Olivenöl, Himbeeressig, Salz und Pfeffer marinieren.

## Fertigstellung

**8.** Mangoldsalat auf Tellern anrichten und die Mangoldknödel daraufsetzen. Die Knödel mit Parmesan bestreuen, mit brauner Butter abschmälzen und mit Liebstöckelblättern und gerösteten Brotscheiben garniert servieren.

## Tipps

* Servieren Sie die Knödel auf geschmolzenen Tomatenwürfeln.
* Sie brauchen für 200 g gekochten Mangold etwa doppelt so viel rohen.
* Servieren Sie zu den Mangoldknödeln einen Rohnen- oder Kartoffel-Rucola-Salat.

# Marillenknödel mit Zimtsahne

(Schritt für Schritt siehe Seite 17)

Zubereitungszeit
**etwa 50 Minuten**

**Für 4 Personen, etwa 8 Knödel**

| | **Kartoffelteig** |
|---|---|
| **400 g** | mehlige Kartoffeln |
| **1** | Eigelb |
| **1 EL** | zerlassene Butter |
| **120 g** | Mehl |
| | Salz |
| | **Marillenknödel** |
| **8** | Marillen (Aprikosen) |
| **4 Stück** | Würfelzucker |
| **50 g** | Zucker |
| **1 TL** | Zimt |
| **100 g** | Weißbrotbrösel, geröstet |
| | **Zimtsahne** |
| **100 ml** | Sahne |
| **1 TL** | Zimt |
| **1 EL** | Honig |
| | **Weiteres** |
| **12** | Wasserminzeblätter zum Garnieren |
| **12** | Malvenblütenblätter zum Garnieren |
| | Staubzucker zum Garnieren |

## Kartoffelteig

**1.** Kartoffeln schälen, in 2 x 2 cm große Würfel schneiden und in Salzwasser etwa **20 Minuten** kochen lassen, abseihen, in den Kochtopf zurückgeben und ausdämpfen lassen, bis sie trocken sind.
**2.** Kartoffeln durch die Kartoffelpresse drücken, mit Eigelb und Butter verkneten und etwa **10 Minuten** abkühlen lassen.
**3.** Mehl und Salz unter die Kartoffelmasse kneten.

## Marillenknödel

**4.** Den Kartoffelteig ausrollen und in acht gleich große Quadrate schneiden.
**5.** Marillen waschen, entsteinen und je ½ Stück Würfelzucker in die Marille geben.
**6.** Nun die Teigquadrate um die Marillen wickeln, gut verschließen und zu Knödeln formen.
**7.** Die Knödel in reichlich Salzwasser etwa **15 Minuten** leicht sieden lassen.
**8.** Zucker, Zimt und Weißbrotbrösel vermischen und die Knödel darin wälzen.

## Zimtsahne

**9.** Sahne leicht anschlagen und mit Zimt und Honig verrühren.

## Fertigstellung

**10.** Die Marillenknödel auf der Zimtsahne anrichten und mit Wasserminze, Malvenblütenblättern und Staubzucker garniert servieren.

## Tipps

* Anstelle der Marillen (Aprikosen) können Sie **Zwetschgen** (Pflaumen), **Erdbeeren** oder **Feigen** verwenden.
* Servieren Sie Nusssauce, Rumsahne, Vanillesauce, Zimtsauce oder Erdbeersauce dazu.
* Sie können auch Vanilleeis dazu servieren.
* Die Marillenknödel schmecken auch mit zerlassener Butter abgeschmälzt.

# Topfenknödel mit marinierten Erdbeeren

Zubereitungszeit **1½ Stunden**

**Für 4 Personen, etwa 12 Knödel**

| | **Topfenknödel** |
|---|---|
| **300 g** | Topfen (Quark) |
| **150 g** | Weiß- oder Toastbrot, entrindet |
| **60 g** | weiche Butter |
| **1 Pkg.** | Vanillezucker |
| **1 Msp.** | Zitronenschale, gerieben |
| **1 Prise** | Salz |
| **2** | Eier |
| **1** | Eigelb |
| **1 EL** | Mehl |

| | **Marinierte Erdbeeren** |
|---|---|
| **250 g** | Erdbeeren |
| **2 EL** | Zucker |
| **4 EL** | Grand Marnier |
| **30 ml** | Zitronensaft |

| | **Weiteres** |
|---|---|
| **50 g** | Butter |
| **50 g** | Weißbrotbrösel |
| **50 g** | Zucker |
| **1 TL** | Zimt |
| | Minzeblätter zum Garnieren |
| **50 g** | fein passierte Erbeer-Rotwein-Marmelade oder Erdbeermarmelade zum Garnieren |
| | Staubzucker zum Bestreuen |

## Topfenknödel

**1.** Topfen in ein Tuch geben und gut ausdrücken, damit er nicht zu nass ist.

**2.** Entrindetes Weißbrot in der Moulinette fein mixen.

**3.** Butter, Vanillezucker, Zitronenschale und Salz schaumig rühren.

**4.** Topfen, Eier, Eigelb und Mehl dazugeben und die Toastbrotbrösel untermengen.

**5.** Die Topfenmasse etwa **1 Stunde** lang kalt stellen.

**6.** Aus der Masse mit einem Eisportionierer Knödel formen und in Salzwasser etwa **10 Minuten** kochen lassen.

## Marinierte Erdbeeren

**7.** Erdbeeren in Spalten oder Würfel schneiden.

**8.** Zucker, Grand Marnier und Zitronensaft vermischen und die Erdbeeren damit etwa **3 Minuten** marinieren.

## Fertigstellung

**9.** Butter zerlassen und die Weißbrotbrösel darin unter ständigem Rühren hellbraun rösten, mit Zucker und Zimt vermischen und die Knödel darin wälzen.

**10.** Die Knödel auf Tellern anrichten, mit marinierten Erdbeeren, Erdbeer-Rotwein-Marmelade und Minze garnieren, mit Staubzucker bestreuen und servieren.

### Variation

**Erdbeerknödel:** Füllen Sie die Topfenknödel mit einer ganzen Erdbeere.

### Tipps

* Sie können die Knödel auch in Mohn- oder Lebkuchenbröseln wälzen.
* Servieren Sie eine Vanillesauce oder eine Weißwein-zabaione dazu.

# Kirschknödel aus Brandteig

Zubereitungszeit **etwa 50 Minuten**

**Für 4 Personen, etwa 16 Knödel**

| | **Kirschknödel** |
|---|---|
| **370 ml** | Wasser |
| | Salz |
| **40 g** | Butter |
| **250** | Mehl |
| **2** | Eier |
| **16** | große Herzkirschen |

| | **Kirschkompott** |
|---|---|
| **250 g** | Herzkirschen |
| **50 ml** | roter Portwein oder Rotwein |
| **50 g** | Zucker |
| **1** | Zimtrinde, kleines Stück |
| **1 TL** | Speisestärke zum Binden |

| | **Weiteres** |
|---|---|
| **70 g** | Weißbrotbrösel |
| **50 g** | Butter |
| **80 g** | Zucker |
| **1 TL** | Zimt |
| **1 Msp.** | Vanillemark oder 1 Pkg. Vanillezucker |
| **50 g** | braune Butter |
| | Staubzucker zum Bestreuen |
| **4 Nocken** | Vanilleeis |
| **4** | Waldmeisterblätter zum Garnieren |
| **4** | Malvenblüten zum Garnieren |

## Kirschknödel

**1.** Wasser, Salz und Butter zum Kochen bringen. Mehl unterrühren, bis sich der Teig vom Topfboden löst.

**2.** Eier langsam in den warmen Teig einrühren und etwa **15 Minuten** kalt stellen.

**3.** Kirschen entsteinen und Stiele entfernen.

**4.** Den Brandteig zu einer länglichen Rolle formen und in 16 Scheiben schneiden.

**5.** Die Brandteigscheiben mit der Hand etwas flach drücken und jeweils eine Kirsche darauflegen. Den Teig gut verschließen und zu Knödeln formen.

**6.** Knödel im siedenden Salzwasser zugedeckt etwa **10 Minuten** sieden lassen.

## Kirschkompott

**7.** Kirschen halbieren, entsteinen und in einem Topf mit Portwein, Zucker und Zimtrinde etwa **5 Minuten** kochen lassen, eventuell mit Stärke binden und beiseitestellen.

## Fertigstellung

**8.** Weißbrotbrösel unter ständigem Rühren in Butter rösten, mit Zucker, Zimt und Vanillemark vermischen und die Knödel darin wälzen.

**9.** Knödel mit Kirschkompott und Vanilleeis auf Tellern anrichten, mit etwas brauner Butter abschmälzen, mit Waldmeister und Malvenblüten garnieren und servieren.

## Variation

**Marillenknödel aus Brandteig:** Anstelle der Kirschen verwenden Sie Marillen, die Sie mit einem kleinen Stück Würfelzucker füllen.

## Tipp

* Servieren Sie die Knödel mit etwas Zimtsahne (siehe Seite 74).

# Zwetschgenknödel aus Topfenteig

| | Topfenteig |
|---|---|
| 400 g | Topfen (Quark) |
| 80 g | weiche Butter |
| 20 g | Zucker |
| 1 Pkg. | Vanillezucker |
| 1 Msp. | Zitronenschale, gerieben |
| 1 Prise | Salz |
| 2 | Eier |
| 100 g | Mehl |

| | Füllung |
|---|---|
| 8 | kleine Zwetschgen oder Pflaumen |
| 8 Stück | Würfelzucker oder 10 g schwere Rohmarzipan-stückchen zum Füllen |

| | Eingelegte Zwetschgen |
|---|---|
| 200 g | Zwetschgen, in Spalten geschnitten |
| 50 g | Zucker |
| 50 ml | Portwein oder Rotwein |
| 1 TL | Speisestärke zum Binden |

| | Weiteres |
|---|---|
| 80 g | Butter |
| 150 g | Weißbrotbrösel oder süße Brösel |
| 2 EL | Zucker |
| ½ TL | Zimt |
| 50 g | zerlassene Butter |
| | Pfefferminzblätter zum Garnieren |
| | Staubzucker zum Bestreuen |

## Topfenteig

**1.** Topfen in ein Tuch geben und gut ausdrücken, damit er nicht zu nass ist.

**2.** Butter, Zucker, Vanillezucker, Zitronenschale und Salz schaumig rühren. Eier, Topfen und Mehl untermischen und gut verrühren.

**3.** Den Teig zugedeckt etwa **30 Minuten** kalt stellen.

**4.** Den Topfenteig 1 cm dick ausrollen und in acht rechteckige Blätter schneiden.

**5.** Zwetschgen waschen, abtrocknen und einschneiden, jedoch nicht ganz durchschneiden. Stein herausnehmen und jede Zwetschge mit einem Stück Würfelzucker füllen.

**6.** Die gefüllten Zwetschgen auf die Topfenteigblätter geben, diese gut verschließen und zu Knödeln formen.

**7.** In Salzwasser etwa **15 Minuten** leicht kochen lassen.

## Eingelegte Zwetschgen

**8.** Die Zwetschgen mit Zucker und Portwein etwa **5 Minuten** kochen, mit der Speisestärke binden und bereitstellen.

## Fertigstellung

**9.** Butter zerlassen und die Weißbrotbrösel darin unter ständigem Rühren hellbraun rösten.

**10.** Zwetschgenknödel aus dem Wasser heben, gut abtropfen lassen und in den gerösteten Bröseln wälzen.

**11.** Zucker und Zimt vermischen und die Knödel damit bestreuen. Auf den eingelegten Zwetschgen anrichten, mit Butter abschmälzen und mit Pfefferminzblättern und Staubzucker garniert servieren.

## Tipps

* Anstelle der Zwetschgen können Sie auch **Marillen** (Aprikosen) oder **Erdbeeren** verwenden.
* Servieren Sie eine Amaretto-Zabaione oder eine Mascarpone-sauce dazu.
* Zu Zwetschgenknödeln passen auch Vanillesauce oder Vanilleeis.
* Sie können anstelle des Topfenteigs auch Kartoffelteig verwenden.

Zubereitungszeit **etwa 50 Minuten**

**Für 4 Personen, 8 Knödel**

# Nougatknödel mit Birnen

Zubereitungszeit **etwa 50 Minuten**

**Für 4 Personen, etwa 12 Knödel**

| | **Teig** |
|---|---|
| **400 g** | Topfen (Quark) |
| **150 g** | Toastbrot oder Weißbrot |
| **50 g** | weiche Butter |
| **50 g** | Staubzucker |
| **1 Pkg.** | Vanillezucker |
| **1 Msp.** | Zitronenschale, gerieben |
| **1 EL** | Rum |
| **1 Prise** | Salz |
| **2** | Eier |

| | **Füllung** |
|---|---|
| **100 g** | Nougat |

| | **Weiteres** |
|---|---|
| **1 Pkg.** | Vanillezucker |
| **1 Msp** | Zitronenschale, gerieben |
| **100 g** | Weißbrotbrösel |
| **40 g** | Butter |
| **50 g** | Walnüsse, gehackt |
| **80 g** | Honig |
| | Staubzucker zum Bestreuen |
| **200 g** | Birnenkompott (Birnenspalten, in Zuckerwasser, Zimtrinde und Gewürznelken gekocht) |
| | Minze zum Garnieren |
| **100 g** | Erdbeeren, halbiert, zum Garnieren |

## Teig

**1.** Topfen in ein Tuch geben und gut ausdrücken, damit er nicht zu nass ist.

**2.** Vom Toastbrot die Rinde entfernen und das Brot in der Moulinette mixen.

**3.** Butter mit Staubzucker, Vanillezucker, Zitronenschale, Rum und Salz schaumig rühren.

**4.** Eier und Topfen untermischen und gut verrühren. Zum Schluss Toastbrotbrösel untermengen.

**5.** Die Masse zugedeckt etwa **30 Minuten** kalt stellen.

## Fertigstellung

**6.** Die Topfenmasse in zwölf Stücke teilen, etwas flach drücken und jeweils ein Stück Nougat in die Mitte der Masse geben, gut verschließen und zu Knödeln formen.

**7.** Salzwasser mit Vanillezucker und Zitronenschale aufkochen und die Knödel darin etwa **10 Minuten** kochen lassen.

**8.** Butter zerlassen und die Weißbrotbrösel darin unter ständigem Rühren hellbraun rösten, mit Walnüssen und Honig vermischen und die gekochten Knödel damit übergießen.

**9.** Mit Staubzucker bestreuen und mit Birnenkompott, Minze und Erdbeeren garniert servieren.

## Variation

**Topfen-Mohn-Knödel:** Füllen Sie die Knödel anstatt mit Nougat mit einer Topfen-Mohn-Füllung. Dazu 25 g Mohn mit 25 g Honig und 25 ml Milch kochen, bis die Flüssigkeit eingekocht ist und anschließend komplett auskühlen lassen.

## Tipp

* Anstelle des Birnenkompotts können Sie auch Erdbeeren, Orangenfilets oder karamellisierte Ananas zu den Knödeln servieren.

# Südtiroler Apfelknödel mit Preiselbeeren

Zubereitungszeit **etwa 30 Minuten**

**Für 4 Personen, etwa 12 Knödel**

| | **Apfelknödel** |
|---|---|
| **150 g** | Äpfel, in Würfel geschnitten |
| **1 EL** | Butter zum Dünsten |
| **50 g** | Mandeln, gerieben |
| **50 g** | Weißbrotbrösel oder süße Brösel |
| **½ Pkg.** | Vanillezucker |
| **½ Msp.** | Zimt |
| **1 TL** | Rum |
| **1 Msp.** | Zitronenschale, gerieben |
| **1 EL** | Zitronensaft |
| **1** | Eigelb |
| **1** | Eiweiß |
| **1 TL** | Zucker, je nach Süße der Äpfel |
| | Backfett |

| | **Weiteres** |
|---|---|
| **125 ml** | Naturjoghurt oder 150 ml Vanillesauce (siehe Seite 88) |
| **30 ml** | Sahne |
| **60 g** | Preiselbeerkompott |
| **12** | Pfefferminzblätter zum Garnieren |
| **1 EL** | geröstete Mandeln zum Garnieren |
| | Staubzucker zum Bestreuen |

## Apfelknödel

**1.** Apfelwürfel in Butter etwa **5 Minuten** dünsten und in eine Schüssel geben.
**2.** Mandeln, Weißbrotbrösel, Vanillezucker, Zimt, Rum, Zitronenschale, Zitronensaft und Eigelb hinzufügen und verrühren.
**3.** Eiweiß mit Zucker zu Schnee schlagen und unter die Apfelmasse heben.
**4.** Die Knödelmasse etwa **15 Minuten** ruhen lassen.
**5.** Daraus kleine Knödel formen.

## Fertigstellung

**6.** Die Knödel im etwa **160 Grad** heißen Backfett etwa **3 Minuten** backen.
**7.** Naturjoghurt mit Sahne verrühren und die Apfelknödel darauf anrichten. Mit Preiselbeerkompott, Pfefferminze, gerösteten Mandeln und Staubzucker garniert servieren.

## Tipps

* Auch Saucen aus Äpfeln, Birnen, Orangen oder Marillen (Aprikosen) sowie Vanille-, Mascarpone-, Karamell- oder Zimtsaucen, Weißwein- oder Glühweinschaum passen je nach Jahreszeit dazu.
* Karamellisierte Apfelspalten, Zwetschgenröster, Birnenkompott, Orangenkompott, Zimtsahne usw. machen sich gut als Garnitur.
* Anstelle der Mandeln können Sie auch Haselnüsse verwenden.

# Feigen-Vollkornknödel mit Heidelbeeren

Zubereitungszeit **1–1½ Stunden**

**Für 4 Personen, etwa 8 Knödel**

| | **Vollkorntopfenteig** |
|---|---|
| **400 g** | Topfen (Quark) |
| **80 g** | weiche Butter |
| **4** | Eigelb |
| **1 Pkg.** | Vanillezucker |
| **1 Msp.** | Zitronenschale, gerieben |
| **1 Prise** | Salz |
| **120 g** | Dinkelvollkornmehl |

| | **Mandelkrokant** |
|---|---|
| **50 g** | Staubzucker |
| **120 g** | Mandeln, geschält |
| **1 Msp.** | Zimt |

| | **Weiteres** |
|---|---|
| **8** | kleine Feigen |
| **100 g** | Birnenmus |
| **4 EL** | Heidelbeersirup |
| **200 g** | Heidelbeeren zum Garnieren |
| | Staubzucker zum Bestreuen |
| **4** | Zitronenverbenenblätter zum Garnieren |

## Vollkorntopfenteig

**1.** Topfen in ein Tuch geben und gut ausdrücken, damit er nicht zu nass ist.

**2.** Butter mit Eigelb verrühren, dann mit Topfen, Vanillezucker, Zitronenschale, Salz und Dinkelvollkornmehl rasch zu einem Teig verkneten.

**3.** Den Teig etwa **1 Stunde** im Kühlschrank ruhen lassen.

## Mandelkrokant

**4.** Staubzucker in einer Pfanne leicht karamellisieren lassen, Mandeln und Zimt dazugeben und gut vermischen, bis die Mandeln mit Karamell überzogen sind. Nun die Mandeln auf ein Backpapier geben, auskühlen lassen und grob reiben oder mixen.

## Fertigstellung

**5.** Den Topfenteig 5 mm dünn ausrollen und in acht gleich große Quadrate schneiden.

**6.** Feigen schälen und auf die Teigquadrate legen, gut verschließen und zu Knödeln formen.

**7.** Die Knödel in reichlich Salzwasser etwa **15 Minuten** leicht sieden lassen.

**8.** Die Knödel im Mandelkrokant wälzen und mit Birnenmus, Heidelbeersirup und Heidelbeeren auf Tellern anrichten. Mit Staubzucker bestreuen und mit Zitronenverbene garniert servieren.

## Tipps

* Anstelle der Feigen können Sie auch Zwetschgen, Erdbeeren, Marillen (Aprikosen) oder Bananen verwenden.
* Servieren Sie anstelle der Heidelbeeren marinierte Himbeeren dazu.
* Anstelle des Dinkelvollkornmehls können Sie auch Kamut- oder Buchweizenmehl nehmen.
* Servieren Sie eine Portweinzabaione dazu.

# Germknödel auf Vanillesauce

Zubereitungszeit **etwa 1 Stunde**

**Für 4 Personen, etwa 4 Knödel**

| | **Germknödel** |
|---|---|
| **20 g** | Hefe |
| **120 ml** | lauwarme Milch |
| **2 EL** | Zucker |
| **250 g** | Mehl |
| **2** | Eier |
| **40 g** | zerlassene Butter |
| | Salz |

| | **Vanillesauce** |
|---|---|
| **50 g** | Zucker |
| **2** | Eigelb |
| **60 ml** | Milch |
| **1 Msp.** | Mark der Vanilleschote oder 1 Pkg. Vanillezucker |
| **125 ml** | Sahne, leicht geschlagen |

| | **Mohnbrösel** |
|---|---|
| **60 g** | gemahlener Mohn |
| **30 g** | Weißbrotbrösel |
| **1 Msp.** | Zimt |

| | **Weiteres** |
|---|---|
| | Mehl zum Bestauben |
| **60 g** | Zwetschgen- oder Kirschmarmelade |
| **50 g** | braune Butter |
| | Staubzucker zum Bestreuen |

## Germknödel

**1.** Für das Dampfl (Hefevorteig) Hefe in lauwarmer Milch auflösen, Zucker dazugeben und verrühren.

**2.** Mit etwas Mehl bestauben und zugedeckt an einem warmen Ort gehen lassen, bis sich das Volumen fast verdoppelt hat.

**3.** Restliches Mehl, Dampfl und Eier vermischen, Butter und Salz dazugeben und etwa **7 Minuten** mit den Knethaken des Handrührgerätes zu einem glatten Teig verkneten.

**4.** Den Teig zugedeckt bei **35 Grad** etwa **20 Minuten** aufgehen lassen.

**5.** Den Teig auf einer bemehlten Arbeitsfläche 5 mm dick ausrollen.

**6.** Mit einem runden Ausstecher etwa 8 cm große Teiglinge ausstechen.

**7.** Auf die Hälfte der Teiglinge etwas Zwetschgenmarmelade geben, die Ränder eventuell mit etwas Wasser bestreichen und mit einem zweiten Teigling abdecken.

**8.** Auf ein mit Mehl bestreutes Brett legen und zugedeckt nochmals etwa **15 Minuten** gehen lassen, bis die Knödel etwa das doppelte Volumen haben.

**9.** In einem weiten Topf (die Knödel brauchen viel Platz zum Aufgehen) Salzwasser aufkochen und die Knödel hineinlegen. Einmal kräftig aufkochen lassen, die Hitze reduzieren und mit geschlossenem Deckel etwa **10 Minuten** garen lassen.

**10.** Die Knödel dann umdrehen und weitere **5 Minuten** zugedeckt fertig garen.

**11.** Herausheben und sofort mit einer dicken Nadel oder einem Zahnstocher einige Male anstechen, damit die Knödel nicht zusammenfallen.

## Vanillesauce

**12.** Zucker, Eigelb, Milch und Vanillemark gut vermischen und unter ständigem Rühren auf **82 Grad** erhitzen, bis sich die Sauce bindet.

**13.** Sofort in eine Schüssel umschütten, auskühlen lassen und Schlagsahne unterheben.

## Fertigstellung

**14.** Die Vanillesauce in Teller geben, die Germknödel daraufsetzen, mit Mohnbrösel bestreuen, mit brauner Butter beträufeln und mit Staubzucker bestreut servieren.

# Grießknödel auf Himbeeren

Zubereitungszeit **etwa 45 Minuten**

**Für 4 Personen, etwa 12 Knödel**

| | **Grießknödel** |
|---|---|
| **500 ml** | Milch |
| **120 g** | Butter |
| **40 g** | Zucker |
| | Salz |
| **1 Msp.** | Orangenschale, gerieben |
| **½** | Vanilleschote oder 1 Pkg. Vanillezucker |
| **140 g** | Weizengrieß |
| **50 g** | Rosinen |
| **2 EL** | Orangenlikör oder Rum |
| **2** | Eier |
| **1** | Eigelb |

| | **Marinierte Himbeeren** |
|---|---|
| **250 g** | Himbeeren |
| **50 g** | Zucker |
| **1 TL** | Zitronensaft |
| **½** | Vanilleschote oder 1 Pkg. Vanillezucker |

| | **Weiteres** |
|---|---|
| **150 g** | Himbeermarmelade, fein passiert, oder Himbeergelee |
| **1 TL** | Zimt |
| **30 g** | Zucker |
| **50 g** | geröstete Weißbrotbrösel |
| **8** | Minzeblätter zum Garnieren |
| **8** | Wiesensalbeiblüten zum Garnieren |
| **1 EL** | Staubzucker zum Bestreuen |

## Grießknödel

**1.** Milch mit Butter, Zucker, Salz, Orangenschale und Vanilleschote in einen Topf geben und aufkochen lassen.

**2.** Vanilleschote aus der Milch nehmen, der Länge nach aufschlitzen, mit einem Messer das Mark herauskratzen und wieder zur Milch geben.

**3.** Weizengrieß unter ständigem Rühren mit dem Schneebesen in die kochende Milch rieseln lassen.

**4.** Rosinen und Orangenlikör zugeben und alles auf kleiner Flamme etwa **10 Minuten** kochen.

**5.** Die Masse auf etwa **70 Grad** abkühlen lassen, Eier und Eigelb einrühren und etwa **15 Minuten** kalt stellen.

**6.** Aus der Masse mit einem Eisportionierer oder Löffel Knödel formen und diese in kochendem Salzwasser etwa **15 Minuten** leicht sieden lassen.

## Marinierte Himbeeren

**7.** Himbeeren mit Zucker, Zitronensaft und dem herausgekratzten Vanillemark marinieren.

## Fertigstellung

**8.** Himbeermarmelade auf Teller spritzen, Knödel in Zimt, Zucker und gerösteten Weißbrotbröseln wälzen und zusammen mit den marinierten Himbeeren auf dem Teller anrichten.

**9.** Mit Himbeermarinade, Minze und Wiesensalbeiblüten garnieren, mit Staubzucker bestreuen und servieren.

## Tipps

* Die Knödel können Sie mit Orangenfilets, Rhabarberkompott, Fruchtsaucen, Malagaeis usw. servieren.
* Sie können die Knödel auch mit einem Stück Bitterschokolade oder Nougat füllen.
* Servieren Sie eine Zimt- oder Vanillesauce dazu.

## Das Autorenteam bedankt sich bei folgenden Partnern

### Nur feinste Foppa-Zutaten für die Knödel

Wir liefern das Beste für Ihre Gäste.

foppa.com

### Zu jedem Gericht das passende FORST-Bier

FORST.
Das Bier der Heimat.

forst.it

### Für den Südtiroler Speckknödel den richtigen Speck …

Genuss der Berge

recla.it

### Mehle für anspruchsvolle Köche

Das beste Rezept für gutes Gelingen.

rieper.com

# Register

Stichwörter mit roten Seitenzahlen befinden sich im Rezeptteil. Stichwörter mit schwarzen Seitenzahlen befinden sich im einführenden Kapitel.

# Glossar und Küchensprache

**Ablöschen** Flüssigkeit (Wein, Wasser oder Brühe) in die Pfanne geben, um die Röststoffe vom Topfboden zu lösen

**Anschwitzen** in heißem Fett kurz anrösten, ohne viel Farbe annehmen zu lassen

**Aufkochen** zum Kochen bringen (nur dann weiterkochen, wenn es so im Rezept steht)

**Blanchieren** kurz mit siedendem Wasser überbrühen

**Burrata** italienische Frischkäsespezialität in Form eines Säckchens; ist wie Mozzarella ein Filata-Käse, der eine Füllung aus Rahm und Mozzarella-Bruch enthält

**Dämpfen** schonende Garmethode über Wasserdampf oder im Dampfgarer

**Dünsten** Garmethode in wenig Flüssigkeit

**Eischnee** steif geschlagenes Eiweiß

**Faschieren** Fleisch durch den Fleischwolf drehen

**Graukäse** pikanter, intensiv riechender Almkäse

**Köcheln** kochen in nur schwach wallender Flüssigkeit

**Pressknödel** flach gedrückte Knödel, die zuerst gebraten und dann gekocht werden

**Sieden** sanftes Kochen um den Siedepunkt, bei dem das Wasser gerade noch nicht kocht

**Speck** geräucherter, luftgetrockneter Schinkenspeck

**Verquirlen** ganzes Ei (Eiweiß und Eigelb) mit einer Gabel verrühren, versprudeln

**Zerlassen** vorsichtig schmelzen lassen (meist Butter)

## Ländertypische Bezeichnungen

Immer kommt es auch innerhalb der deutschsprachigen Länder zu Missverständnissen und Verwechslungen aufgrund von ländertypischen Bezeichnungen. Die Erklärung zu den undurchschaubaren Begriffen finden Sie in nachstehender Übersicht.

| Südtirol / Österreich | Deutschland |
|---|---|
| Brösel | Brotbrösel / Paniermehl / Semmelbrösel |
| Dampfl | Hefevorteig (Ansatz) |
| Eidotter | Eigelb |
| Eiklar | Eiweiß |
| Fastenknödel | Semmelknödel |
| Germ | Hefe |
| Erdäpfel | Kartoffeln |
| Knödel | Klöße |
| Knödelbrot | Weißbrot- oder Semmelwürfel |
| Marillen | Aprikosen |
| Melanzane | Aubergine |
| Nocken | längliche Klößchen |
| Topfen | Quark |
| Rinds-/Fleischsuppe | Fleischbrühe |
| Rohnen | Rote Bete |
| Sauerrahm | Saure Sahne |
| Schwarzpolenta/Schwarzplentn | Buchweizen |
| Staubzucker | Puderzucker |
| Vogelesalat | Feldsalat / Rapunzel |

Die alpin-mediterrane Vielfalt der Südtiroler Küche von den Bestsellerautoren des

**„So kocht Südtirol"-Teams**

mit über 1,3 Millionen verkauften Büchern

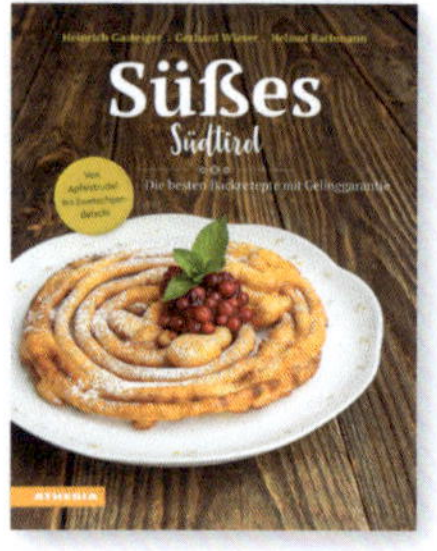


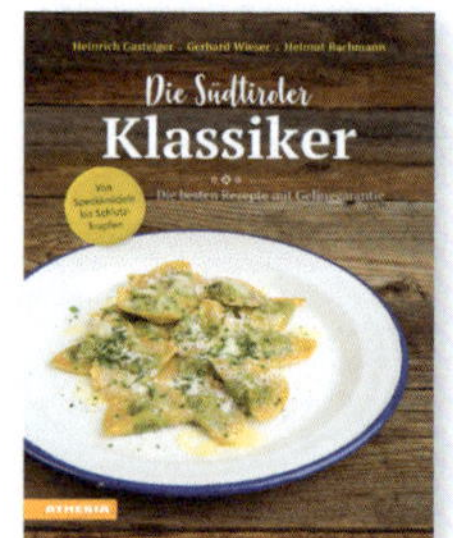